高等职业教育汽车运用与维修技术专业规划教材

Qiche Chaiyouji Diankong Jishu
汽车柴油机电控技术

（第二版）

沈仲贤 编 著

人民交通出版社股份有限公司
China Communications Press Co.,Ltd.

内 容 提 要

本书详细讲述了电控柴油发动机控制系统的原理、检测与诊断技术，其中特别讲述了国外先进的基于故障码和基于症状的控制系统故障诊断的经验和实用方法，还选编了一些故障诊断实例。

本书专门设置了实训课程内容，对实训中各项任务的准备、步骤和要求及注意事项等方面都做了详尽叙述和安排，非常适合作为高职、中职院校的汽车运用、工程机械等专业或培训课程的教学用书，同时也可作为专业维修技术人员的参考书。

图书在版编目(CIP)数据

汽车柴油机电控技术／沈仲贤编著．—2版．—北京：人民交通出版社股份有限公司，2015.9
ISBN 978-7-114-12421-1

Ⅰ.①汽… Ⅱ.①沈… Ⅲ.①汽车－柴油机－电气控制系统－高等职业教育－教材 Ⅳ.①U472.43

中国版本图书馆 CIP 数据核字(2015)第 179857 号

书　名：	汽车柴油机电控技术（第二版）
著 作 者：	沈仲贤
责任编辑：	时　旭
出版发行：	人民交通出版社股份有限公司
地　　址：	(100011)北京市朝阳区安定门外外馆斜街3号
网　　址：	http://www.ccpress.com.cn
销售电话：	(010)59757973
总 经 销：	人民交通出版社股份有限公司发行部
经　　销：	各地新华书店
印　　刷：	北京市密东印刷有限公司
开　　本：	787×1092　1/16
印　　张：	11
字　　数：	250千
版　　次：	2007年8月　第1版
	2015年9月　第2版
印　　次：	2020年11月　第2版　第3次印刷　总第11次印刷
书　　号：	ISBN 978-7-114-12421-1
定　　价：	26.00元

(有印刷、装订质量问题的图书由本公司负责调换)

再 版 前 言

由于人们对柴油机排放的要求日益提高,我国的柴油机技术进入了电子控制时代。柴油机服务技师不仅需要具备柴油机机械部件的检修技能,还需掌握柴油机电控系统的故障诊断技术。纵观目前国内关于电控柴油发动机的教学用书,都未能紧密联系行业实际需要,未能系统地介绍对电控柴油发动机控制系统的故障诊断技术,故作者编写了本书。

本书系统介绍了国际先进柴油发动机的电控技术,包括电控系统的组成和基本原理,还介绍了电控天然气发动机及其他一些电控技术。每单元配以相应的实训课程,由浅入深地介绍了柴油机电控系统的检测与诊断技术,目的是使所培养的柴油机服务技师同时具备机械与电气两方面的服务技能。在实训课程中,本书详细列出了所需要做的准备工作、步骤要求以及注意事项,这可帮助实践经验不足的老师迅速提高教学水平。柴油机电控系统的故障诊断,要求具有很强的动手能力和丰富的实践经验,这对于一些年轻的、缺少实践经验的教师来说,开始讲授的时候可能会感到困难,但只要静下心来钻研进去,也不难掌握这些先进技术。

学习本课程前,学生应已完成"柴油机构造与检修"课程的学习。"柴油机构造与检修"课程的内容注重柴油机基本原理、构造以及相应的检修装配;本课程注重的是柴油机电控系统的故障诊断。这两门课程相结合,才构成完整的柴油机课程。

本书既适合作为汽车专业的柴油机课程用书,也同样适合工程机械或游艇等专业。本书内容主要为高职院校师生编制,也可供大学本科或中职的师生和从事柴油机的研究人员参考。学完本课程,学生将会具备对柴油机电控系统进行故障诊断的基本思路与动手能力,不会在面对柴油机电控系统故障时束手无策。如果学校条件不足时,可略去单元三天然气发动机的学习内容,但不应忽略其中拓展学习的内容。

本书的出版以及部分插图的编辑工作得到上海景格汽车科技有限公司的大力帮助,在此表示衷心谢意。

我国的柴油发动机技术从制造装备、设计水平、加工工艺、控制技术及售后服务等诸多方面要落后于国际先进水平至少30年,逐步追赶国际先进水平是广大从事柴油发动机专业的科技工作者的心愿。限于编著者的经历与水平,书中如有不妥之处,欢迎广大师生与柴油机专业的同行批评指正,共同为我国的职业教育事业与提高我国的柴油机技术水平贡献一点微薄之力。

沈仲贤

2015 年 1 月

目录 CONTENTS

单元一　电控柴油机基础 · 1
　一、电路基本测试技术 · 1
　二、电控柴油机控制系统 · 5
　三、电控柴油机电路图及电气技术规范 · 17
　四、实训——柴油机电控系统认识与基本测试 · 34
　五、学习评价 · 40
　六、拓展学习——电控柴油机控制系统的特性与功能 · 41

单元二　电控柴油机燃油系统 · 51
　一、燃油系统概述 · 51
　二、电控柴油机燃油系统 · 52
　三、实训——四气门柴油机高压共轨燃油系统的检测与诊断 · 90
　四、学习评价 · 102
　五、拓展学习——ECM 测试简介 · 103

单元三　天然气发动机 · 104
　一、概述 · 104
　二、天然气发动机控制系统 · 107
　三、天然气发动机燃料系统 · 112
　四、天然气发动机点火系统 · 117
　五、天然气发动机专用机油与闭式曲轴箱通风 · 119
　六、实训——天然气发动机 · 119
　七、学习评价 · 121
　八、拓展学习——电控系统故障诊断技术基础 · 121

单元四　电控柴油机其他系统的控制 · 126
　一、涡轮增压 · 126
　二、发动机制动 · 130
　三、机油管理 · 134
　四、进气加热 · 136
　五、实训——基于故障码的电控系统故障诊断 · 138

六、学习评价 …………………………………………………………………… 144
　　七、拓展学习——基于故障码的故障诊断实例 ……………………………… 145
单元五　电控柴油机的排放净化技术 ……………………………………………… 148
　　一、柴油机排放的有害成分与排放法规 ……………………………………… 148
　　二、废气再循环(EGR)技术 …………………………………………………… 150
　　三、催化转化技术 ……………………………………………………………… 152
　　四、颗粒物净化技术 …………………………………………………………… 154
　　五、实训——基于症状的电控系统故障诊断 ………………………………… 156
　　六、学习评价 …………………………………………………………………… 160
　　七、拓展学习——基于症状的故障诊断实例 ………………………………… 161
附录　东风康明斯 ISDe 发动机接线图 …………………………………………… 163
参考文献 ……………………………………………………………………………… 167

单元一　电控柴油机基础

学习目标
1. 掌握正确使用数字万用表进行电路测试的方法；
2. 了解故障诊断仪；
3. 掌握发动机电子控制系统的组成；
4. 了解控制系统的自诊断功能；
5. 掌握各种传感器的基本原理及其输出信号的特点；
6. 掌握通过指示灯的闪烁读取故障码的方法；
7. 掌握各种指示灯亮起的含义；
8. 掌握电控发动机电气技术规范及其应用；
9. 掌握识读电控发动机电路图；
10. 掌握线束的检修方法。

一　电路基本测试技术

1　概述

在进行控制系统故障诊断时常用的工具有两种：一种是专用或通用的故障诊断仪；一种是数字万用表。故障诊断仪的使用并不复杂，在打开仪器以后，只需选择所需要的发动机型号及所需测试的项目或读取数据流即可。用故障诊断仪读取发动机控制模块（Engine Control Module, ECM）数据时可有两种情况：一种是打开点火开关不起动发动机；另一种需起动发动机来读取动态数据。如果需要在发动机运转状态下进行参数测试，应注意测试时的发动机工况，有的测试项目需在发动机额定工况下进行，而有的参数则需要在发动机高怠速或低怠速时进行，一定不能混淆。

数字万用表是一种非常实用和必不可少的基本测试工具。它的使用看起来很简单，但要做到准确、高效率的使用数字万用表查找故障，需要在实践中不断积累经验。

数字万用表的使用离不开电气接线图。在正确读取了故障码信息后需查阅电气接线图或维修手册来确定适当的测试参数和测试点，所以，能读懂电气接线图是一个合格的维修技师最基本的技能之一。

由于传感器/执行器和线束之间采用某种型号的插头,这些插头线束的维修有的需要专用工具。在使用数字万用表对传感器插头、线束或 ECM 插头进行测量时,需注意使用型号合适的测试导线,严禁不分场合直接使用万用表触针对传感器/线束插头进行测试。直接使用万用表触针对插头/插孔进行测量,很容易引起插头的端子与插孔之间接触不良而产生故障。接触不良故障常常表现为时断时续,查找起来费时费力。

在进行线束故障的测试查找中,需拆卸 ECM 插头。注意拆卸 ECM 插头前(包括任何电气部件)应断开电源。在进行线束导通性测试时应注意测试导线之间有无短路。

2 数字万用表

数字万用表是一种基本、实用的电路测试工具,如图 1-1 所示。各种数字万用表的功能基本相同。熟练掌握数字万用表的使用方法是进行电控发动机故障诊断的基本要求。

常见的 Fluke 数字万用表表面都有一个旋钮,设有一些挡位,如直流电压、交流电压、直流电流和交流电流、电阻/二极管/导通等挡位。有的数字万用表电阻/二极管/导通挡位分开两个挡位,有的则合并到一个挡位,另外使用一个按钮在不同功能间切换。使用数

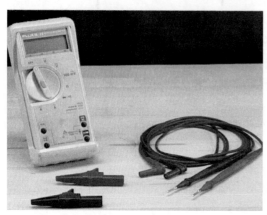

图 1-1　Fluke 数字万用表

字万用表之前一定要明白各按钮/旋钮的功能,否则极易产生错误信息。数字万用表对应不同挡位的内部电路各不相同,使用错误挡位进行测量可能会损坏数字万用表。

数字万用表的面板上有 4 个插孔,一个黑色的插孔是公共插孔,通常黑表笔的另一端总是插在这个孔中;一个红色插孔是电阻/电压公用插孔,测量电阻和电压时红色表笔插在这个孔中,只是旋钮分别位于电阻挡或电压挡。另两个红色插孔分别是测试大电流和小电流的插孔,测试时数字万用表旋钮位于直流/交流电流挡,而红表笔分别插在对应量程的孔中,黑表笔的插孔不变。

打开数字万用表测量不同参数时,开始通常都处于自动量程状态,即数字万用表可以自动根据测量参数值的大小来调整量程。数字万用表也可以在测量某种参数时手动设定量程。不熟练者使用手动设定量程功能时需特别谨慎,否则容易得到错误信息。例如在测量小电阻时错误地设定在大量程挡位,则数字万用表读数可能为零,这样就很容易使自己的判断出错。数字万用表也可以设定在某一特定量程,即所谓的量程保持,该功能用来比较已知测量参数值为同一量级的参数值,因为前述关于量程设定的原因,初学者特别容易出错,应慎用这个功能。自动量程也同样可以用来比较测量数值。

数据保持功能在不方便同时注视测量点和测量值的时候特别有用,因为设定数据保持功能时,在表笔离开测点后测量值还会显示在显示屏上,而不像平常测量那样,表笔一离开测点,显示屏上原来的读数就消失了。

二极管/导通性测量是很实用的一个功能,当旋钮处于二极管/导通性挡位,黑表笔在公共插孔,红表笔位于电压/电阻插孔时,当测量的电阻值低于某一设定值时,例如 150Ω 时,数

字万用表就会发出"哔"声,测量者不用转过头去看显示屏的读数即可知道,这两个测点间是导通的。当然,对于好的导通的定义,不同的制造商有不同的规范,例如丰田公司对于良好导通的规范为电阻小于1Ω,而康明斯公司对于良好导通的规范为电阻小于10Ω。如果需要精确测量较小的电阻,测量者应先测量数字万用表的内阻,然后从数字万用表显示的测量值中减去数字万用表内阻。同样,不同制造商对于电路开路的电阻值也可能有不同的规范。开路或短路只是一个相对的概念。

3 参数测量

1)电阻的测量

如需测量电路中某两点间的电阻,需断开电源开关,然后断开电阻两侧任一侧电路,把数字万用表旋钮转到电阻挡,表笔任意可靠接触两个测点,即可测得该两测点间的电阻(必要时减去数字万用表内阻,如测得的阻值较大或精度要求不高,则可忽略数字万用表内阻)。

2)电压的测量

如需测量某负载两端的电压,则需打开电源,把数字万用表红表笔接负载正极一侧,黑表笔接负载负极一侧即可。数字万用表表笔接错了也没有关系,因为数字万用表读数前会出现一个"-"号,它告诉你,表笔的正负极接反了。

在电控发动机线束的测量中,通常没有可供数字万用表表笔测量的测点,这时如果有专门的导出线束,则测试就变得非常方便。导出线束串接于线束插头和传感器/执行器插头之间,它如同管道中的三通插头,把信号导出。只需把数字万用表表笔接触适当的导出端子,即可测得信号电压。

3)电流的测量

如需测量某线路中的电流强度,必须先断开电源开关,断开该电路,再把数字万用表表笔串联到电路断开的两侧,红表笔与电源正极侧相连,黑表笔与电源负极侧相连;接通电源即可进行测量。数字万用表表笔接错了也没有关系,因为万用表读数前会出现一个"-"号,它告诉你,表笔的正负极接反了。

看起来电阻、电压和电流的测量非常简单,但在电控发动机故障诊断的实践中,测量者需自行确定测量何种参数和如何去测量。初学者在读电路接线图时一般能正确理解ECM插头针脚的位置编号,而在实践中,断开电源,拆下ECM的线束插头后或者分开传感器接头后,翻过来看到的情况可能与接线图上的截面相反,导致找错端子甚至找错插头的情况屡有发生。端子找错了或插头错了,当然不可能找到故障根源。

此外,在柴油机燃油系统的故障诊断中,常需要测试诸如输油泵进油阻力、输油泵出口压力、燃油滤清器两侧的压降、燃油回油阻力等,采用一个压力测试模块与数字万用表结合则可使上述一些压力的测试变得非常方便(图1-2)。压力测试模块上有一红一黑两个插柱,可插入数字万用表电压测量的相应插孔。模块上的电缆连接一个快速插孔,插孔中有一

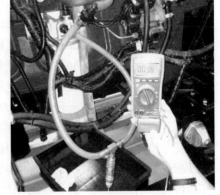

图1-2 用数字万用表与压力测试模块测量压力

个压力传感器。模块上还有电源开关、调零旋钮和对应不同压力单位的滑动开关来设定所需的压力单位,如 kPa、mmHg 或 psi。测试时,只要把快速插孔安装到所需测量位置的快速接头上,以规定的工况(如高怠速、低怠速等)运转发动机,数字万用表显示出来的数值即为设定单位的压力值。

压力测试模块使用 9V 电池供电,在测试前需注意确认压力模块的电源电压高于正常工作最低电压,还应注意用一个快速接头或合适的工具顶开一下插孔端的快速密封端子,以释放压力传感器上可能残留的压力,再把模块安装到数字万用表上,旋动调零旋钮使数字万用表读数归零,再设定输出压力的单位。

在故障码的诊断过程中,通常都可以查找制造商提供的维修手册获得帮助。维护手册针对每一种故障码都提供了详细的测试和查找步骤,所以认真研读维修手册中相应故障码的内容非常重要。要做到诊断过程中的每一步测试过程都正确有效,没有不必要的步骤;不应在没搞清楚之前就进行测试或更换零配件。在确认某一零件,如某个传感器损坏,安装新传感器前,应确认新传感器工作正常后再进行安装。在有条件的地方,故障现象排除后再做一个发动机排气测试,以进一步确认发动机工作是否正常。

4　故障诊断仪

在对电控柴油机的故障诊断中,故障诊断仪是一种很有用的仪器。常见的故障诊断仪有通用故障诊断仪和专用故障诊断仪两种。

(1) 故障诊断仪可以是专用故障诊断仪或通用故障诊断仪,也有使用通用笔记本电脑或专用笔记本电脑对控制系统进行故障诊断。有的故障诊断仪不仅能检测故障码、监测各种数据,还可以进行模拟故障诊断,对故障诊断提供指导,包括对有故障码的故障和仅有故障症状的故障查找诊断进行详细的指导;还可以在进行某种特殊的测试时对 ECM 进行控制,使发动机在一种特定的工况下运转,来帮助维修技师进行故障诊断。如切断柴油机指定汽缸的喷油来查找工作不良的喷油器,还可以提高油轨内的燃油压力来检测高压共轨燃油系统的泄漏等。

使用通用故障诊断仪进行故障诊断前常需选择车型、生产年款或发动机型号,然后再在仪器显示的主菜单中选择要执行的具体操作内容。在读取发动机(车辆)故障信息前,应打开点火开关,不起动发动机。此时可以读取故障码信息和冻结帧数据,即故障发生时刻的各种参数值;在起动发动机后可以再次检查故障码信息,清除非现行故障码,读取动态数据流,确认各参数有无异常,同时可以验证发动机故障现象。

需要强调,并不是控制系统发生的每种故障都会有故障码。例如,当曲轴转速传感器和凸轮轴位置传感器同时出现故障时,系统不会记录故障码。虽然起动机带动发动机转动,但发动机并不会起动运转。因为系统检测不到发动机的转速信号以及位置信号,控制系统无法对发动机进行喷油控制,所以发动机不会起动,也不会记录故障信息,这时,就需要利用故障诊断仪监测一些参数,从异常的参数中找出故障的根源。

目前国内厂家生产的一些通用故障诊断仪的功能尚停留在参数的测试与故障码的读取水平上,不能实现对 ECM 主动进行控制,如切断一个或多个汽缸的供油,评价各缸的工作情况,或通过指令提高高压共轨燃油系统中燃油的压力以便检测内部燃油泄漏等。

通常各传感器的工作电压都有一定的范围,如 0.25 ~ 4.75V。高出或低于这个范围超过一定时间,系统通常都会记录一个故障码。根据这个故障码,根据维修手册中相应的检查步骤逐步进行检查就能很快地找出故障根源。

（2）示波器可以用来实时监测各种传感器或执行器的信号波形,只要把测量得到的波形与相应传感器/执行器的正常波形相比较,就可以知道这个元件工作是否正常。一个合格的维修技师应掌握正确使用示波器的方法,但在柴油机控制系统的故障诊断中,通常可以不用示波器。

二 电控柴油机控制系统

1 概述

传统柴油发动机的排放已无法满足日益严格的环保要求,迫使发动机制造商不断开发和采用先进的电子控制技术对发动机进行优化控制。特别是从20世纪70年代以来,柴油发动机的电子控制技术获得了巨大进步。

与传统机械控制的发动机相比,电控发动机可通过一个电子控制模块(ECM)来控制和协调发动机的工作。ECM 就像人的大脑一样,通过各种传感器和开关实时监测发动机的各种运行参数和操作者的控制指令,通过计算判断后给各执行元件(如喷油器等)发出指令,实现对发动机的优化控制。控制系统通过精确控制喷油时间、喷油规律和喷油量,以达到降低排放和提高燃油经济性的目的。

电子控制系统按照硬件功能来分,可分为输入、处理和输出三大部分。其中输入部分包括各种传感器和开关(包括加速踏板)。它们把发动机的工作状态输入发动机电子控制模块(ECM)。ECM中一部分为处理器,用来对各种输入参数进行处理;另一部分为存储器,它存储了各种必要的数据。对千变万化的发动机工况,ECM可以立即找到最佳的控制参数,发出指令,对发动机进行控制。执行ECM的指令,对发动机进行控制的装置为各种执行器。发动机控制系统示意图如图1-3所示。

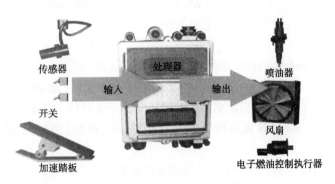

图1-3 发动机控制系统示意图

一些电控汽油发动机上常常有很多个电子控制单元(ECU),而中等功率电控柴油机的电子控制模块(ECM)通常集成在一个盒型结构中。上面设2~3个接口,通常一个是发动机线束接口,一个是主机厂接口。ECM上通常有铭牌,康明斯电控柴油机的ECM铭牌上标注有ECM零件号、生产序号、数据代码、发动机生产序号和ECM代码。ECM代码表示对应发动机型号和应用相匹配的控制软件编号。ECM并不是仅仅对发动机进行控制,它同时也有许多协调和控制车辆的功能。有的发动机线束接口再分为两部分或者两个接口,一部分是输入接口,另一部分是输出接口。有的ECM上还设有专门的电源接口。随着电子元件和控制软件技术的进步,在电控柴油机上所使用的ECM也在不断进步。即使是同一平台的发动机,由于应用场合不同,ECM的硬件和控制软件也会有所不同。即使是同一系列的发动机,ECM型号也完全相同,但不同用途的发动机对应的控制软件也会有所不同。这种不同通常由不同的ECM代码来表示。线束插头的型号也不同,如在康明斯电控发动机上,常见有AMP插头、Bosch插头与Deutsch插头等。东风康明斯ISDe发动机空气冷却式ECM如图1-4a)所示,采用Deutsch插头;康明斯ISBe发动机燃油冷却式ECM如图1-4b)所示,采用Bosch插头。

a)东风康明斯ISDe CM2150电控模块

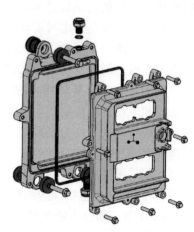
b)康明斯ISBe CM800电控模块

图1-4 康明斯柴油机电控模块

发动机运行过程中,电子控制模块(ECM)根据不同传感器和控制开关输入的信号,按照预先设定的控制程序进行数学计算和逻辑判断,并向各种执行器发出相应的控制指令完成不同的控制功能。如果某个传感器或控制开关发生故障,就不能向ECM输送正常信号,发动机性能就会变坏甚至无法运行。如果执行机构发生故障,那么其监测电路反馈给ECM的信号就会发生异常,发动机性能也会变坏甚至无法运行。因此,发动机一旦接通点火开关,自诊断功能就会投入工作,实时监测各种传感器、控制开关和执行器的工作状态。一旦发现某个传感器或控制开关信号异常或执行机构监测电路反馈的信号异常就会立即采取相应措施。

自诊断系统的功能包括三个方面:一是监测控制系统工作状况,一旦发现某只传感器或执行器参数异常,就立即发出报警信号;二是将故障内容编成代码(称为故障码)存储在随机存储器(RAM)中,以便维修时调用或供设计参考;三是启用相应的备用功能使控制系统处于应急状态运行。

1)发出报警信号

在电子控制系统运行过程中,当某一传感器或执行器发生故障时,电子控制模块(ECM)立即接通仪表板上的故障指示灯电路,使指示灯亮起或闪烁。提醒驾驶人控制系统出现故障,应立即检修或送修理厂修理,以免故障范围扩大。

2)存储故障码

当自诊断系统发现某只传感器、控制开关或执行器发生故障时,其电控模块会将监测到的故障内容以故障码的形式存储在随机存储器(RAM)中。只要存储器电源不被切断,故障码就一直会保存在 RAM 中。即使是发动机运行中偶尔出现一次故障,自诊断系统也会及时检测到并记录下来。每台发动机(车辆)的自诊断系统电路中都设置有一个专用的故障诊断接头,当诊断故障或需要了解控制系统的运行参数时,使用制造商提供的专用故障检测仪或运用特定的操作方法,通过故障诊断接头将储存器中的故障码和有关参数读出,为查找故障部位、了解系统运行情况或改进控制系统的设计提供依据。这里需要指出的是控制系统并不能显示出所有的发动机故障,而仅仅能显示出部分控制系统的故障。

3)启用备用功能

备用功能又称为失效保护功能。当自诊断系统发现某只传感器、控制开关或执行器发生故障时,其电控模块将以预先设定的参数取代故障传感器、控制开关或执行器工作,使控制系统维持控制功能,发动机将进入故障应急状态运行并维持基本的运转能力,以便车辆行驶到修理厂修理。电子控制系统的这种功能称为备用功能或失效保护功能。

电子控制系统的另一个功能是发动机保护功能。发动机保护功能把测量到的一些发动机参数与设定的参数值进行比较,如果超出设定阈值则对发动机进行降低转速、降低功率或强制停机保护。保护功能包括如发动机超速保护、发动机冷却液温度超过设定值并超过一定时间或机油压力低于设定值并超过一定时间进行停机保护等。

2 电子控制系统的原理

电子控制系统由输入、处理和输出三大部分组成。其中输入元件为各种传感器和开关;处理器即电子控制模块(ECM),输出元件为各种执行器。

1)系统输入

控制系统的输入元件为各种传感器和开关,包括加速踏板。有的加速踏板由两个位置传感器组成,有的加速踏板由一个加速踏板位置传感器和一个怠速有效开关组成。这些传感器和开关把发动机的各种状态信息转变为电压信号输入电子控制模块(ECM),供 ECM 处理后发出控制指令。传感器故障是控制系统的常见故障。

(1)传感器。

柴油发动机控制系统中的传感器通常有温度传感器、压力传感器、温度-压力组合式传感器、速度/位置传感器、空气流量传感器、液位传感器、氧传感器等。

①温度传感器。温度传感器普遍采用负温度系数的热敏电阻制成,其电阻随温度的升高而降低,但呈非线性变化。非线性变化是指电阻随温度的变化不成比例。其电路原理如图 1-5a)所示,外形如图 1-5b)所示。

由负温度系数的热敏电阻制成的传感器,当温度升高时传感器电阻降低,由图 1-5 的电路原理可见,传感器输出的信号电压也随之降低;当温度降低时,传感器电阻升高,传感器输出的信号电压也随之升高。

发动机上的温度传感器通常有冷却液温度传感器、进气温度传感器或其他温度传感器,如有的柴油机上安装有燃油温度传感器。传感器工作温度范围为 -40~140℃。

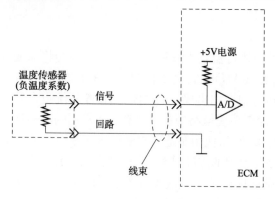

a) 温度传感器电路原理　　　　　　　　　　b) 温度传感器外形图

图 1-5　温度传感器原理与外形

冷却液温度传感器用来检测冷却液温度,冷却液温度信号被用来调整供油量和喷油正时,影响发动机冷机时的怠速性能。冷却液温度与燃油温度都用来保护发动机。如果冷却液温度信号异常,发动机会转速降低、动力下降或起动困难,如果开启了发动机保护功能,则可能导致发动机停机,记录故障码。如果燃油温度传感器信号异常,则会影响发动机性能,记录故障码。

温度传感器通常为二线式,其插头上有两根导线。温度传感器可以用万用表测量其在不同温度下的电阻值,再与传感器规范相比较来确定传感器工作是否正常。

②压力传感器。根据压力传感器测量压力时参考压力的不同,压力传感器又可以分为相对压力传感器和绝对压力传感器两种。相对压力传感器测量时的参考压力为大气压,因此其测量大气压时的测量值为零。绝对压力传感器测量压力时的参考压力是真空,其测得的压力值为绝对压力。按传感器测量原理来分可分为电容式、压电晶体式和应变式等。电容式压力传感器通过内部的一个电容来感应压力的变化,当压力变化时,压力差使电容的两个极板之间的距离发生变化,从而输出一个电压信号。压电晶体式传感器通过内部的一个压电晶体来感应压力变化,当压力变化时,作用在压电晶体上的压差使压电晶体输出一个电压信号。发动机上用的压力传感器通常有机油压力传感器、进气压力传感器、大气压力传感器以及某些情况下主机厂安装的压力传感器,其电路原理如图 1-6a) 所示。

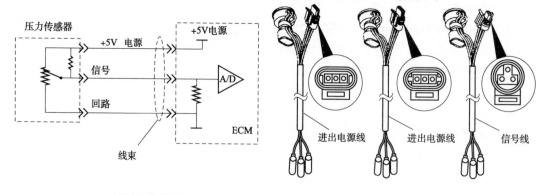

a) 压力传感器原理　　　　　　　　　　b) 压力传感器测试导线

图 1-6　压力传感器原理与测试导线

压力传感器通常为三线式,即其插头上有三根导线。其中两根导线为进出电源线,另一根导线为信号线。需要指出的是温度传感器有时会与压力传感器集成到一起,形成一个组合式传感器。此时温度传感器和压力传感器的原理和测量方式均无变化。这样可以减少系统的零件数量,使发动机线束更简单。由于两种传感器共用一条电源线,所以这种复合式传感器为四线式,常用来测量进气温度和压力。

机油压力传感器用来监测发动机是否具有适当的润滑油供应以保证发动机的正常工作。有的发动机上使用机油压力开关,该开关为一个常闭开关,安装在主油道上。它只有一根导线,开关闭合时与机体导通,这时 ECM 检测到低电压;当主油道内的机油压力超过设定值时,机油压力开关打开,ECM 检测到一个高电压,此时的机油压力用一个默认值代替。

进气压力传感器和进气温度传感器监测进气歧管内的空气压力和温度,这两个参数用来确定进气量,ECM 据此来控制喷油量,保证空气/燃料比控制在适当的范围内,并可控制白烟。大气压力传感器用来监测外界大气压力,当发动机处于高海拔地区空气稀薄时减少供油量,降低发动机的功率输出,不使涡轮增压器超速运转来保护发动机。

通常这种组合式传感器的工作范围为:压力传感器 50 ~ 400kPa,温度传感器 - 40 ~ 125℃。进气温度传感器信号异常产生的后果与冷却液温度传感器信号异常后果相似。进气压力传感器信号异常会引起发动机动力下降、起动困难并记录故障码。

机油压力传感器的工作范围为 50 ~ 600kPa,如果其信号异常会使发动机转速降低、动力下降;如果启用了发动机保护功能,则会导致发动机停机并记录故障码。

油轨燃油压力传感器的工作范围为 0 ~ 180MPa 或者更高。如果其信号异常,则也会使发动机转速降低、动力下降或者发动机停机,并记录故障码。

由于大部分压力传感器无法通过测量其电阻来判断好坏,而是需要在压力传感器工作时通过测量其输出电压来判断,因此在检测压力传感器时需要专用的检测导线。使用检测导线可以在传感器工作的同时,检测其供电电压与信号电压。这种检测导线如图 1-6b)所示。压力传感器可以通过对其施加一个参考压力,用万用表测量其输出电压,再与传感器规范值相比较来确定其工作是否正常。

③速度/位置传感器。速度传感器按其测量原理分为可变磁阻式和霍尔效应式,如图 1-7a)、b)所示。常见的速度传感器有曲轴转速/位置传感器、凸轮轴位置/转速传感器和车速传感器。由于转速/位置信号轮上一个特殊的宽齿或其他的特殊形状,信号轮每转一圈传感器会输出一个特殊的波形,ECM 据此可以知道此时距 1 缸压缩上止点的相对位置,以作为喷油正时的基准。曲轴转速/位置传感器的主要功用是提供发动机曲轴的转速信号,但当凸轮轴位置/转速传感器发生故障时,它也能提供发动机位置信号;凸轮轴位置/转速传感器主要提供凸轮轴位置信号,在曲轴转速/位置传感器发生故障时,它也能提供发动机转速信号。之所以设这两个传感器是为了增强系统的可靠性,在其中一个传感器有故障时发动机仍可正常运转。不同的发动机在曲轴转速传感器与凸轮轴位置传感器分别发生故障时的对策各不相同。长城 2.8TC 柴油发动机如果曲轴转速传感器故障就会无法起动,如在发动机运转中失效,则发动机会立即熄火,再无法起动;如发动机运转中凸轮轴位置传感器发生故障,发动机能够继续运转,但如果熄火,则无法再起动,同时会输出故障码。而一些康明斯电控发动机如果曲轴转速传感器发生故障,发动机照样能起动和工作。如东风康明斯 ISDe 发

动机,在凸轮轴位置传感器发生故障时,发动机照样能起动和工作,但工作会不稳或粗暴。这是因为ECM会随机选择一个上止点信号指示喷油器喷油,然后通过监测曲轴转速的变化来判断是否该上止点为压缩上止点,如果不是,则改选下一个上止点信号喷油。因为可能的错误选择,在排气上止点前喷油的情况下,起动时会产生大量的烟雾,但随后就能起动运转。当然,这两个传感器同时出现故障时,发动机便无法起动,系统也不会显示出故障码。这时可以通过监测和读取发动机转速参数,马上就可以发现故障原因。

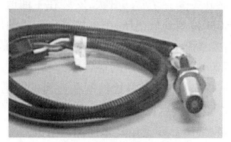

a) 可变磁阻式速度传感器　　　b) 霍尔效应式速度传感器

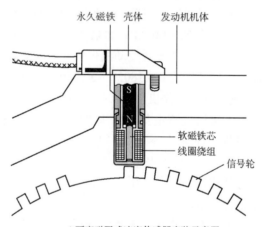

c) 可变磁阻式速度传感器安装示意图

图 1-7　速度传感器

可变磁阻式传感器安装示意如图1-7c)所示,这种传感器在工作时输出类似正弦波的交变电压,信号强度受转速的影响。在铁芯完好时,可以测量其线圈电阻来判断传感器是否损坏;如果铁芯损坏则无法用测量其线圈电阻来判断,此时要通过监测转速信号以及进一步的检测来确定故障根源。

霍尔传感器当转速轮齿接近传感器时会输出一个矩形方波电压,离开时则没有电压输出,据此盘动发动机,同时用万用表直流电压挡适当的量程测量传感器的电压输出即可判断传感器工作是否正常。

如果曲轴转速/位置传感器、凸轮轴位置/曲轴传感器信号异常,发动机会动力不足、怠速不稳、排放白烟、起动困难或发动机停机、无法起动,并记录故障码。

④空气流量传感器。空气流量传感器是将吸入的空气量转换成电信号送至电控模块

ECM,作为决定喷油量的基本信号之一。常见的有热线式空气流量传感器和热膜式空气流量传感器两种类型,它们为质量流量型传感器。

有的电控柴油机上并没用采用空气流量传感器来直接测量进气质量流量,而是通过测量进气压力与温度,以间接得到进气质量流量。康明斯电控柴油机上都采用了测量进气压力与温度的方法。

a. 热线式空气流量传感器。热线式空气流量传感器的基本构成包括感知空气流量的铂热线、根据进气温度进行修正的温度补偿电阻(冷线)、控制热线电流的控制电路以及壳体等。其工作原理如图1-8a)所示。根据铂热线在壳体内安装部位的不同,可分为安装在空气主通道内的主流测量方式和安装在空气旁通道内的旁通道测量方式,如图1-8b)、c)所示。

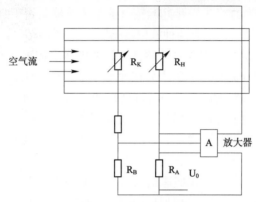

图 1-8 热线式空气流量传感器

这种空气流量传感器由于没有运动部件,因此工作可靠,而且响应特性较好;缺点是在空气流速分布不均匀时误差较大。

b. 热膜式空气流量传感器。热线式空气流量传感器虽然可以提供精确的进气空气流量,但造价太高,主要用于高级轿车,为了满足精度高,结构简单,造价又便宜的要求,德国博世公司采用厚膜工艺，开发出了热膜式空气流量传感器。热膜式空气流量传感器的工作原理与热线式空气流量传感器类似，都采用惠斯登电桥工作，所不同的是热膜式空气流量传感器不用铂作为热线，而是将热线电阻、补偿电阻和线桥电阻用厚膜工艺集中在一块陶瓷片上。这种空气流量传感器广泛使用于各种电控汽油喷射系统中。

查阅发动机的电气规范，可以知道传感器正常工作时的电压输出范围，如果高于或低于这个范围，系统就可能会记录故障。如果有专门的传感器测试导线可用，则对传感器的检测非常方便。只需串入测试导线，打开点火开关到 ON 位，首先确认蓄电池电源电压是否正常，然后在指定端子间用万用表直流电压挡测量传感器输出电压是否在规定的范围内；如果拆下了空气流量传感器，则还可以用嘴或吹风机对着空气流量传感器吹气，同时观察空气流量传感器的输出电压是否上升来进一步判断空气流量传感器是否正常。

⑤液位传感器。通常发动机上有两种液位传感器：一种是冷却液液位传感器，用来检测冷却液液位是否正常；另一种是燃油中含水传感器。燃油中含水传感器通常安装在油水分离器（燃油预滤器）下方，当燃油中过滤下来的水分在油水分离器内达到传感器两电极的高度时，利用水的可导电性将两电极短路，此时水位报警灯亮起，提示驾驶人排放油水分离器内的水。

⑥加速踏板。在车用和工程机械用的电控发动机上，传统的机械式拉杆式加速踏板被一个标准 6 线式电子加速踏板所取代。加速踏板和发动机之间不再有任何的机械连接。采用电子加速踏板既提高了加速踏板的响应速度和精度，也有利于整车的布置。

a. 电位计式加速踏板。电位计式加速踏板以分压电路原理工作。这种加速踏板的工作如图 1-9a）所示。某康明斯发动机上这种加速踏板的接线图如图 1-9b）所示。

a）电位计式加速踏板

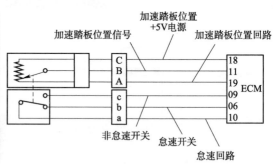
b）加速踏板接线图示例

图 1-9　电位计式加速踏板与接线图示例

加速踏板内部由一个电位计（可变电阻）和一个单刀双掷开关组成。单刀双掷开关的作用是向 ECM 提供怠速与非怠速信号，此开关也称怠速校验开关。在驾驶人踩下或松开加速踏板时，此开关处于非怠速与怠速两个不同的接通位置。ECM 通过此开关的接通位置来判断驾驶人是否已踩下加速踏板。

从加速踏板接线图可见，ECM 向电位计的 C 端子提供 5V 电源，B 端子输出信号，A 端子为回路；怠速校验开关的 b、c 为单刀双掷开关的两个位置，未踩下加速踏板时，开关闭合 a 和 b，表示加速踏板处在怠速位置；当踩下加速踏板时，可变电阻的滑动触点从下往上移动，使 B、C 之间的电阻由大变小，而 B、A 之间的电阻由小变大。在踩下加速踏板的同时，怠速校验开关闭合 a 和 c，表示加速踏板处于非怠速位置。由于加速踏板动作时电位计 B、A 之间电阻的变化,使得 B、A 之间的电压也随着改变。ECM 根据 B、A 之间电压的大小来判断油门的开度百分比。当驾驶人松开加速踏板时,踏板回位,急速校验开关闭合 a 和 b,回到急速状态。

b. 霍尔效应式加速踏板。

由于电位计式加速踏板中接触式滑动变阻器在长期工作后可能会出现接触不良等问题,所以一些新的电控发动机改用了非接触霍尔效应式加速踏板。这种加速踏板由两个霍尔效应式传感器组成,以康明斯 ISDe 发动机所用的加速踏板为例:其 1 号加速踏板位置传感器开度为 0 时,输出电压约为 1.25V;随着加速踏板逐渐开大到全开位置,输出电压呈线性上升到 4.20V。而 2 号加速踏板位置传感器开度为 0 时,输出电压约为 0.56V;随着加速踏板逐渐开大到全开位置,输出电压呈线性上升到 2.06V,如图 1-10 所示。

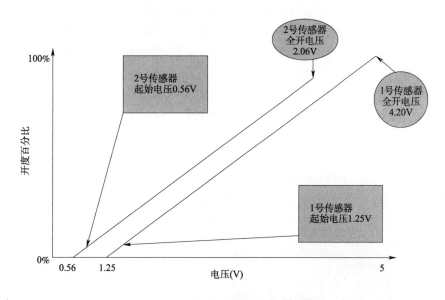

图 1-10 霍尔效应加速踏板工作原理示意图

不同型号的霍尔效应加速踏板的起始电压与全开电压可能会不同,但原理相同。

霍尔效应式加速踏板的检测,除了检测电源电压以及线束导线之间有无短路或开路外,可以在打开点火开关,发动机不起动的情况下测量两个传感器不同加速开度下的输出电压,再对比规范值来确定其工作是否正常。

如果使用了不同工作原理的加速踏板,ECM 会输出故障码。如在东风康明斯 ISDe 发动机上应该用霍尔效应式加速踏板而误用了电位计式加速踏板,则在急速位置时,故障码 132 和 1241 为现行,而压下加速踏板时故障码 132 转为非现行、故障码 1239 为现行。此时就应该换用霍尔效应式加速踏板。如果排除了加速踏板的故障,则需在打开电源的情况下,压下并释放加速踏板几次,这样 ECM 就会检测到信号的变化,加速踏板原来的现行故障码才会消失。

了解这些传感器的基本工作原理,主要目的并非为了当传感器出现故障时去设法修复,而是为了正确、快速地区分和判断究竟是传感器故障、线束故障还是控制模块的故障。例如,知道温度传感器的原理,就知道传感器电阻值怎样随温度变化而变化,再对照传感器规范,来判断传感器是否正常;了解压力传感器的基本原理,就知道如何借助测试线束去测量传感器电源电压及其输出信号电压,再进一步根据其故障码所指示的特征,快速判定是传感器故障、线束故障还是ECM的故障;对于霍尔效应式转速/位置传感器,不一定要详细理解其中半导体的工作原理,只需知道通过起动发动机,再在万用表直流电压挡适当的量程下去测量转速/位置传感器是否有断续的5V电压输出,如果有,则传感器是好的;如果没有,则传感器坏了或者没有正确安装。在确认某个传感器损坏,安装新传感器前,应确认新传感器工作正常。

传感器的拆装比较简单,有些传感器,如温度传感器[图1-5b)]和压力传感器(温度/压力组合式传感器)只需断开传感器与线束间的连接,再用合适的扳手就可以拧下。安装的时候应在传感器螺纹上使用制造商认可的防黏结膏和润滑剂,按规定力矩拧紧即可。对霍尔效应式速度传感器[图1-7c)],只需断开与线束的连接,拧下其固定螺栓,就可以从安装孔中取出传感器;然后把新的、确认正常的传感器插入安装孔,按规定力矩拧紧紧固螺栓即可。对于可变磁阻式速度/位置传感器,需断开与线束的连接,松开传感器的锁紧螺母,即可拧下传感器;可变磁阻式速度传感器安装时要求与转速信号轮保持一适当的间隙,大约为1mm。在可看见的情况下,可使用合适的塞尺测量安装间隙;在不可见的情况下,先用手拧入传感器到顶住信号轮为止,再根据螺距或规定,退出一定转角,如退出一圈,然后拧紧锁紧螺母即可。

此外,在发现某一传感器的信号有问题时,应首先用手拉拔传感器插头,确认传感器/线束插头连接良好,然后再去查找其他可能的故障原因。

(2) 开关。

开关是电控系统中另外一类输入设备。与传感器输出的模拟电压信号不同,开关向ECM输出的是开关量。它通常向ECM输入驾驶人的操作指令,如诊断开关、怠速调整开关等。

按开关控制电路的数量和结合位置的不同,电控柴油机上的开关可分为单刀单掷开关[图1-11a)]、单刀双掷开关[图1-11b)]、双刀单掷开关等。

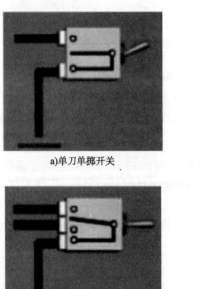
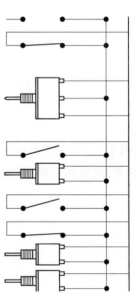

a) 单刀单掷开关

b) 单刀双掷开关

c) 开关在电路图上的表示

图1-11 开关

根据开关的结合方式,开关又可分为锁定位置开关和临时位置开关两种,上面所述的单刀单掷开关、单刀双掷开关、双刀单掷开关等都属于锁定位置开关,发动机控制面板上的怠速调整开关属临时位置开关。

从开关的结合状态来分,开关又可分为常开开关和常闭开关。当系统不工作时,开关的接合状态即为区分的标准。电路图上显示的开关状态即为系统不工作时的状态,常开开关处在打开的位置;常闭开关处在关闭状态,如图1-11c)所示。

2) 处理器

处理器是整个控制系统的核心。ECM内部有存储器,存储控制系统运行的程序。这些程序在ECM没有物理损伤的前提下,可以通过服务软件擦除重写,即所谓的重新标定。ECM按其功能来划分,可分为处理器和存储器两部分。其作用是接受来自各传感器和开关的信息,经过快速处理、运算、分析和判断,查找出存储器中对应工况的最佳控制参数,输出控制指令来控制执行器动作,从而控制发动机运行。

由于ECM中的电子元件工作时会发热,为了保证这些电子元件可靠工作,需对ECM进行冷却。常见的ECM冷却方式有空气冷却和燃油冷却两种。

ECM由精密的电子元件组成,在对车辆系统进行维护时要注意保护。

(1) 在插拔ECM上的连接插头前,应断开系统电源,不允许带电插拔。

(2) 在对ECM插头内的针脚进行测量时,一定要使用合适的测试导线,不允许用万用表的表笔直接进行测量,以免造成损坏。

(3) 在需要对车辆底盘或发动机进行电焊作业时,一定要将ECM从车辆上拆下,否则可能损伤ECM,导致ECM失效。

ECM通常通过柔性连接固定在机体上,如图1-4所示。新的ECM需要请发动机制造商的服务工程师予以标定,即安装与发动机型号和用途相应的控制软件后方可使用。

3) 执行器

ECM根据输入设备输入的参数,通过内部程序的计算,向各输出设备输出控制指令。由于电控柴油机的多样性,其电控燃油系统也各不相同,因而其中的执行元件也各不相同。以高压共轨燃油系统中的电子燃油控制执行器(图1-12)为例,ECM通过脉冲宽度调制(PWM)信号控制执行器电磁阀的开度,进而控制供给高压油泵的燃油量,再根据油轨压力、负荷以及转速等因素,实现对喷油量和喷油正时的控制。常见的执行器有电磁阀、继电器、指示灯、格栅加热器、风扇离合器、转速表、燃油加热器和喷油器等。

(1) 电磁阀。

电控系统中最主要的执行元件为电磁阀。根据电磁阀工作方式的不同,可以分为常开/常闭型(ON/OFF)与脉冲宽度调制型(PWM)两种。

常开/常闭型(ON/OFF)电磁阀只有两个工作状态,即全开和全闭,所以通常控制这种电磁阀的信号为常压信号。典型的常开/常闭型电磁阀为燃油切断阀。

脉冲宽度调制型(PWM)执行器是通过脉冲宽度调制信号来实现开度的连续控制。执行器所使用的信号是一个频率不变的脉冲信号,通过改变脉冲(高电平)宽度(0~100%之间变化),执行器即可实现相对应的变化,这种变化是连续的,所以这种控制器能实现更灵活的控制。博世公司电控柴油机高压共轨燃油系统中的电子燃油控制执行器为一个常开型的滑阀,改变控制信号的脉冲宽度就可以连续地改变控制滑阀开度,从而控制给燃油泵的低压燃油供应量。

a)电子燃油控制执行器实物

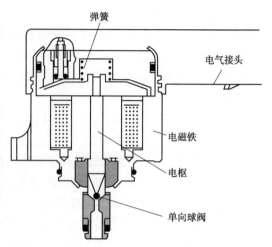
b)电子燃油控制执行器原理

图1-12 电子燃油控制执行器

(2)继电器。

继电器在电控系统中也被用作输出设备,用于实现小电流对大电流的控制,或者一个电路对多个电路的控制,如图1-13所示的格栅加热器控制电路。由于格栅加热器的工作电流很大,无法直接由ECM提供,ECM通过一个继电器来控制格栅加热器的工作。ECM对继电器的控制电流最大可达2A。

(3)指示灯。

指示灯是ECM向驾驶人输出指示信号的输出设备。这些指示灯包括故障信号、停机警告信号、等待起动信号和维护提醒信号等。不同的机型指示灯的设置可能有所不同。

在各种指示灯中,故障警告灯和停机指示灯是所有机型都配备的,也是系统最重要的两个指示灯。由于指示灯是由主机厂负责安装的,所以不同主机厂装配的指示灯样式可能有所不同,具体需参考主机厂的设备使用指南。

电控发动机控制系统能显示和记录一些运行故障,并将这些故障以故障码的形式表示出来。这些故障码会使故障分析变得容易些。利用面板上的故障指示灯、诊断仪或服务软件可以读取这些故障码。需要特别指出的是并非所有的发动机控制系统故障都会以故障码的形式表示出来。

根据故障的严重程度,用两种不同颜色的故障指示灯加以区别。

"WARNING"警告指示灯是黄色的。当这个故障指示灯亮起时表明发动机出现了故障,虽然不是十分严重,但应该尽快排除故障。

"STOP"发动机停机指示灯是红色的。当这个指示灯亮起时,表明发动机出现了非常严重的故障,需要尽快使发动机安全停机,并及时排除故障。在故障排除之前,不允许起动发动机,否则可能会产生严重后果。

有的车辆可以根据这两个指示灯的闪烁读取故障码,有的车辆上直接以数字形式显示出故障码。

有些车辆上还装有"等待起动"(WTS,Wait To Start)指示灯。在冬季低温起动时,在钥匙开关接通后进气加热器工作期间,"等待起动"指示灯会亮起,提醒驾驶人此时正在进行进气加热,需等此指示灯熄灭后再起动发动机,这样有利于缩短起动时间。

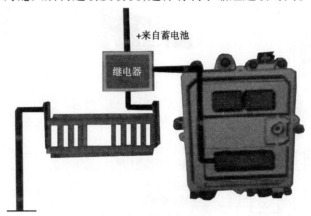

图 1-13 格栅加热器的控制

"燃油中有水"(WIF,Water In Fuel)指示灯表示油水分离器中分离出来的水量,当此指示灯闪亮时应尽快进行排水。有些主机厂把"维护"指示灯和"燃油中有水"指示灯功能综合在一起,在这种情况下,"燃油中有水"警告信息由维护指示灯来传递。

执行器的检测相对比较简单,因为许多执行器都由线圈操纵,其电阻可以用万用表电阻挡测量,再与规范值比较或与其他相同执行器的电阻相比较来判断。

电控系统的故障部位通常位于传感器、执行器、ECM 或连接的线束处,而以传感器的故障最为常见。

三 电控柴油机电路图及电气技术规范

电路图是电控系统故障排除中必不可少的资料。能快速、正确地阅读电路图是电控系统故障诊断的前提之一。通常电路图有原理图[图 1-14b)]和装配图[图 1-14a)]两种,原理图中使用各种专用符号来代表相应的电气元件,用线把它们与电源、开关相连而组成一个完整的电路。装配图则以实物的形式,表示出实际元件是如何装配的。下面以康明斯电控柴油机电路图为例,说明电路图的使用方法。康明斯电控柴油机电路图是介于电路原理图和电路装配图之间的一种电路图,它吸收了两种电路图的优点,非常易于阅读,如图 1-14c)所示。

由图 1-14c)所示的康明斯电控柴油机电路图示例中可以看到,其中有三个传感器共用一个电源回路,在这种情况下如果该传感器电源回路出现故障,系统检测到信号电压超出了正常范围,但不能区分是具体哪个传感器出了故障,所以系统提示的故障码有可能不是真正发生故障的那个传感器,而是系统判断最可能会对发动机造成伤害的那个传感器对应的故障码。此时需根据电路图的特点分别对这三个传感器进行检测来判断故障根源。

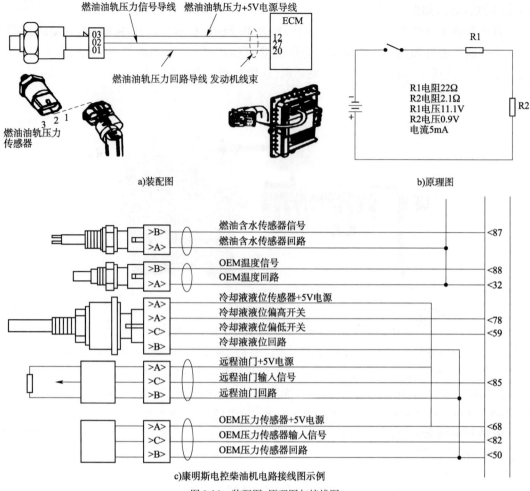

图 1-14 装配图、原理图与接线图

1 电路图及使用方法（以康明斯电控柴油机电路图为例）

1）电路图中线路的颜色

康明斯原版电控柴油机电路图为彩色图，图中线路共有 5 种颜色，分别是红色、蓝色、黑色、紫色和绿色。其中红色代表系统供电电路的电源线，包括蓄电池向 ECM 供电电路电源线和 ECM 向输入、输出设备供电电路的电源线；蓝色代表输入设备向 ECM 输入的信号电路，包括各种传感器、开关与加速踏板的输出信号线；黑色代表供电电路的搭铁线，包括蓄电池回路的搭铁线和 ECM 向输入、输出设备供电的搭铁线；紫色代表 ECM 向输出设备提供控制信号的控制信号线；绿色为数据通信线。

2）电路图中的符号

（1）蓄电池，如图 1-15 所示。

（2）熔断丝，如图 1-16 所示。

（3）钥匙开关，如图 1-17 所示。

（4）传感器示例，如图 1-18 所示。

（5）电子加速踏板，如图 1-19 所示。

(6) 指示灯，如图 1-20 所示。

(7) 开关，如图 1-21 所示。

(8) ECM 上的插头示例，如图 1-22 所示。

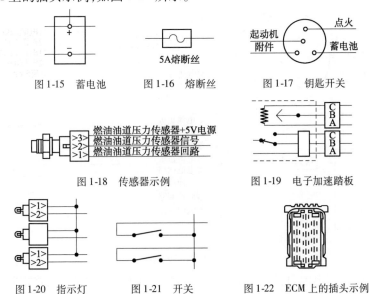

图 1-15　蓄电池　　图 1-16　熔断丝　　图 1-17　钥匙开关

图 1-18　传感器示例　　图 1-19　电子加速踏板

图 1-20　指示灯　　图 1-21　开关　　图 1-22　ECM 上的插头示例

如前所述，ECM 上的插头通常有发动机线束插头和主机厂线束插头两个，参见图 1-4（有的发动机把传感器和执行器分为两个插头安装到 ECM 上）。

对于 ECM 上的插头需要特别指出：在拆卸 ECM 插头进行测量来查找故障时，首先应认准需要测量的插头；在拆下插头后应正确辨认插头方向和相应的端子号码。没有经验的技师在进行电控发动机的故障诊断时常常会拆下错误的插头或在错误号码的端子处进行测量，这样南辕北辙，当然找不到故障。此外在进行测量时必须使用合适的测量导线，以免损坏接线端子导致接触不良。

3) 电路图的结构

发动机制造商把发动机提供给主机厂，由主机厂安装到设备或车辆上。在此过程中需要主机厂完成一系列接线工作，其中包括 ECM 的供电电路、发动机的起动电路、油门电路、指示灯和控制开关电路等。在康明斯电路图中间有一根虚线把电路图一分为二，图中标明左边电路为主机厂负责，右边电路为康明斯负责，即左边电路由主机厂负责安装，右边电路为发动机的出厂状态，如附录所示。需要指出的是在实际设备上，主机厂的电路连接可能并不与康明斯原装电路完全相同。这是因为康明斯电路图中推荐的接法包含了发动机的所有功能，而主机厂可能不启用某些功能，或者在康明斯允许的前提下对电路图作一定的改变。

4) 标题栏

康明斯电路图的标题栏位于图的左下角，提供该电路图的适用机型、电路图的公告号和适用的 ECM 零件号等信息。电路图的公告号也就是该电路图的零件号。由于同一机型有可能安装有不同零件号的 ECM，因此在使用电路图时需加以注意。

5) ECM 供电电路

ECM 的工作需要外部供电，如果 ECM 供电电路有问题，可能会导致整个系统无法工作。

康明斯车用和工程机械用的电控发动机,ECM 供电电路包括非开关电源和开关电源两种,如图 1-23 所示。

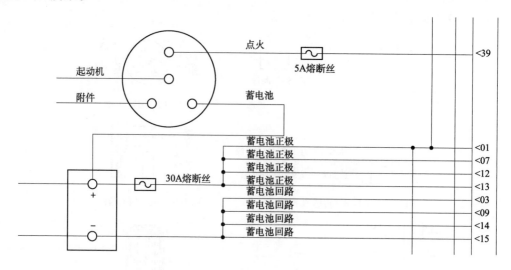

图 1-23 ECM 供电电路

非开关电源通过蓄电池直接向 ECM 供电,不受钥匙开关的控制,线路中除了熔断丝外,不允许再接其他电器元件。从电路图上通常可见不止一条由蓄电池直接向 ECM 供电的电路,这是因为 ECM 的工作电流较大,一组导线不能提供足够的工作电流。有的电控发动机 ECM 的非开关电源通过一个专用的插头导入。

开关电源是通过钥匙开关再接入 ECM 的电源,接入 ECM 前通常还有一个熔断丝。当钥匙开关在 OFF 位置时,此电源处于断开位置。ECM 通过此开关的电源信号判断开始或者停止工作,通常该信号也是熄火停机信号。

2 电气技术规范与故障码

除了电路图本身,康明斯电路图上还有两个重要的辅助内容,即技术规范和故障码简表。

1)技术规范

技术规范包括通用电气技术规范和传感器技术规范两部分,通用电气技术规范对大部分机型都是一样的,表 1-1 ~ 表 1-5 是一个典型的康明斯柴油发动机通用电气技术规范。

电 路 规 范　　　　　　　　表 1-1

数据通信接口: 　正极导线至底盘搭铁(J1587):4~5VDC 　负极导线至底盘搭铁(J1587):0~2.5VDC	所有电路短路搭铁: 　车速传感器电路:如果大于 10MΩ,合格(无短路) 　所有其他电路:如果大于 100kΩ,合格(无短路)
J1939 主干线束电阻:50~70Ω(正极导线至回路导线)	对外部电压短路:如果小于 1.5V,合格
J1939 终端电阻:110~130Ω	5V 电源(传感器和开关) 　@ ECM:4.75~5.25V 　@ 线束:4.5~5.25V
所有导通性检查:如果小于 10Ω,合格(无开路)	

还可能有电磁阀,如燃油切断阀和喷油器的线圈电阻值的规范与个别重要零件,如ECM插头和喷油器紧固螺栓的力矩值。

机油压力传感器规范　　　　　　　　　　　表1-2

压力(kPa)	电压(V)	压力(kPa)	电压(V)
0	0.4~0.6	517.11	3.4~3.6
172.37	1.4~1.6	689.48	4.4~4.6
344.74	2.4~2.6		

大气压力传感器规范　　　　　　　　　　　表1-3

海拔(m)	电压(V)	海拔(m)	电压(V)
0	4~4.58	2744	3~3.8
915	3.6~4.4	3659	2.6~3.4
1829	3.2~4		

进气歧管压力传感器规范　　　　　　　　　表1-4

压力(kPa)	电压(V)	压力(kPa)	电压(V)
0	0.42~0.58	258.56	3.42~3.58
86.19	1.42~1.58	344.74	4.42~4.58
172.37	2.42~2.58		

温度传感器规范　　　　　　　　　　　　　表1-5

温度(℃)	电阻(Ω)	温度(℃)	电阻(Ω)
0	30k~36k	75	1350~1500
25	9k~11k	100	600~675
50	3k~4k		

电压输出 = [大气压力(inHg)×4.0V]/30.54 + 0.5V

传感器技术规范给出的是这个机型上安装的传感器和重要的执行器的技术规范,不同机型上安装的传感器的数量和类型可能不一样。康明斯某型号柴油机的传感器技术规范如下所示。

(1)车辆速度传感器(VSS),力矩47N·m(35 ft·lb)。

线圈电阻:初级线圈电阻750~1100Ω;次级线圈电阻1100~1500Ω。

(2)发动机位置传感器,力矩20N·m(15 ft·lb)。

线圈电阻:初级线圈电阻1000~2000Ω;次级线圈电阻1000~2000Ω。

(3)加速踏板(IVS,ISS和APS)。急速有效电路电阻(急速和非急速状态):IVS,ISS-最大闭路电阻<125Ω;IVS,ISS-最小开路电阻>100kΩ。

油门位置传感器线圈电阻:电压与回路之间为2000~3000Ω;电源与信号之间(释放)为1500~3000Ω;电源与信号之间(踩下)为200~1500Ω。

注意:释放踏板时的电阻减去踩下时的电阻必须大于1000Ω。

2)故障码

故障码是发动机生产厂商给故障制定的一种编码。不同生产厂商制造的电控发动机之间,同一种故障的故障码并不相同;而同一厂商的不同系列的发动机之间,同一种故障的故障码基本相同。

如前所述,电控发动机控制系统能显示和记录一些运行故障,并将这些故障以故障码的形式来表示,这些故障码会使故障分析变得容易些。故障码记录在 ECM 中,利用面板上的故障指示灯、诊断仪或服务软件可以读取这些故障码。需要特别指出的是并非所有的发动机控制系统故障都会以故障码的形式表示出来。

故障码可分为两类,它们是现行故障码和非现行故障码,这两种故障码都记录在 ECM 中。现行故障码指示发动机存在一个现行故障,现行故障是发动机原先存在,目前还继续存在的故障;非现行故障是发动机原先产生过,但现在已经消失的故障。注意某些现行故障在排除以后,可能需要一定的操作,才能使 ECM 检测到故障已经排除,原先记录的现行故障才会转变成非现行故障。如加速踏板的某些故障,在排除以后需压下并松开加速踏板两次,原先现行的故障码才会变成非现行故障码;而发动机机油压力过低的故障在排除后则需要起动发动机并经短时间运行后,原先现行的故障码才会变成非现行故障码。否则原先的现行故障虽然已经排除,但系统显示故障仍然存在。故障指示灯会指示现行故障码,但不会指示非现行故障码,非现行故障码只有用诊断仪或服务软件才可以读取。康明斯电控发动机用服务软件可以读取多达 5 个非现行故障码以及相关信息,包括发生次数、时间等信息。

这里以康明斯发动机为例说明通过指示灯的闪烁读取故障码的方法。发动机的控制面板上通常都有一个黄色的故障警告灯、一个红色的停机指示灯和一个诊断开关[图 1-24a)],其接线图如图 1-24b)所示。要检查是否存在现行故障码,应先将钥匙开关转到"OFF"断开位置,将诊断开关拨动到"ON"位,再将钥匙开关转到"ON"接通位置。

如果未记录现行故障码,"警告"指示灯和"停机"指示灯会同时亮起,并且保持亮起,无闪烁。

如果记录了现行故障码,"警告"指示灯和"停机"指示灯会瞬间同时亮起,然后开始闪烁所记录的故障码。故障码按下述顺序进行闪烁:黄色"警告"指示灯亮一下,然后有 1~2s 的暂停;接着红色"停机"指示灯闪烁出故障码,指示灯闪烁的次数代表一个数字,每个数字间会有 1~2s 的暂停。当红色"停机"指示灯闪烁完故障码后,黄色"警告"指示再次闪亮,然后红色"停机"指示灯再次重复闪烁故障码。

要想查看下一个故障码,可将怠速调节开关向"(+)"位置扳动一下,此时黄色"警告"指示灯亮一下,然后红色"停机"指示灯按上述顺序闪烁出故障码。要想查看上一个故障码,只需将怠速调节开关向"(-)"位置扳动一下即可。重复上述步骤,可以查看所有的故障码。如果只记录了一个故障码,则无论将怠速调整开关扳动到哪个位置,故障灯都将持续地显示同一个故障码。

当不使用诊断系统时,应断开诊断开关。如果诊断开关未断开,ECM 将不会记录某些故障码。不同主机厂在故障灯和诊断开关的布置上可能会有所不同,有的车辆上直接把故障码以数字形式显示出来。如果使用诊断仪或服务软件,则可以很方便地读取所有的现行故障码和非现行故障码。故障诊断仪不难使用,对维修人员的理论水平要求不高,使用起来也很方便;而服务软件,如康明斯的 INSITE 服务软件,具有强大的服务支持功能,包括故障码的显示,出现故障时的参数信息,基于故障码或故障症状的诊断步骤指南;参数监测功能、ECM 测试功能等。ECM 测试功能可指令 ECM 进行高压共轨燃油系统泄漏测试、汽缸断油测试、各缸性能测试及其他一些测试项目,还有 ECM 参数修改与标定功能等。该软件可安装在普通计算机上运行。

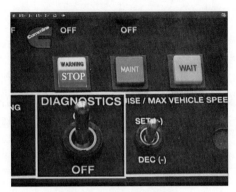

a)控制面板上的指示灯与诊断开关

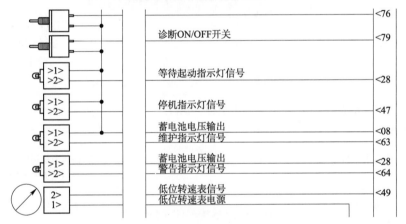

b)指示灯与诊断开关接线图示例

图 1-24 指示灯与诊断开关

与康明斯电控发动机不同,有的电控发动机,维修人员在使用故障诊断仪排除故障后,需要清除原有的故障码。如果没有清除,则原来的故障码不会消失。康明斯电控发动机的 ECM 在检测到故障已经排除后,原先的现行故障码就会自动转变为非现行故障码被记录起来。而非现行故障码只有使用康明斯 INSITE 服务软件在计算机上才能读取,这样便于对断续故障的诊断,也使维修人员对发动机的故障史有一个全面的了解。

故障码表列出了一个机型 ECM 可能报告的所有故障码。故障码表上只列出了故障指示灯的颜色、故障的简单原因以及可能引起的后果,详细的故障原因分析需参照对应的故障诊断与维修手册。

康明斯 ISBe 发动机的故障码表见表 1-6。需要指出的是并不是所有控制系统的故障都会以故障码的形式表达出来,控制系统有些故障以及机械系统的故障没有故障码。故障码可以通过康明斯服务软件 INSITE 读出或者通过指示灯的闪烁读出。

康明斯 ISBe 发动机故障码表　　　　　表 1-6

故障码	故障位置	灯	故障原因	产生后果
111	电子控制模块（ECM）微处理器	红	ECM 内部硬件故障	可能没有影响或发动机粗暴起动
122	电子控制模块	黄	进气歧管压力传感器信号检测到高电压	发动机功率可能降低到无增压空气供油时的水平
123	进气歧管压力传感器电路	黄	进气歧管压力传感器信号检测到低电压	发动机功率可能降低到无增压空气供油时的水平
131	油门位置传感器电路	红	油门位置传感器信号检测到高电压	当怠速有效开关指示怠速，发动机怠速运行时，发动机转速逐步上升至以默认设置转速
132	油门位置传感器电路	红	油门位置传感器信号检测到低电压	当怠速有效开关指示怠速时，发动机怠速运行；当怠速开关指示非怠速时，发动机转速逐步上升至以默认设置转速
133	远程油门位置——高电压	红	远程油门位置传感器信号检测到高电压	发动机可能不能响应远程油门输入
134	远程油门位置——低电压	红	远程油门位置传感器信号检测到低电压	发动机可能不能响应远程油门输入
135	机油压力传感器电路	黄	机油压力传感器信号检测到高电压	机油压力使用默认值。发动机失去对机油压力的保护功能
141	机油压力传感器电路	黄	机油压力传感器信号检测到低电压	机油压力使用默认值。发动机失去对机油压力的保护功能
143	机油压力发动机保护	黄	机油压力信号指示机油压力低于发动机保护下限	如果发动机停机保护功能起作用，发动机功率和/或转速下降，并可能使发动机停机
144	冷却液温度传感器电路	黄	在冷却液温度信号触针上检测到高电压	发动机冷却液温度使用默认值。发动机失去对冷却液温度的保护功能
145	冷却液温度传感器电路	黄	冷却液温度信号检测到低电压	发动机冷却液温度使用默认值
146	冷却液温度——发动机保护	黄	冷却液温度信号指示冷却液温度已经超过发动机保护极限	如果发动机停机保护功能起作用，发动机功率下降，并可能使发动机停机

续上表

故障码	故障位置	灯	故 障 原 因	产 生 后 果
151	冷却液温度——发动机保护	红	冷却液温度信号指示冷却液温度已经超过发动机保护极限	如果发动机停机保护功能起作用,发动机功率下降或转速下降,并可能使发动机停机
153	进气歧管温度传感器电路	黄	进气歧管温度信号检测到高电压	进气歧管温度使用默认值。发动机失去对进气歧管空气温度的保护功能
154	进气歧管温度传感器电路	黄	进气歧管温度信号检测到低电压	发动机进气歧管温度使用默认值。发动机失去对进气歧管空气温度的保护功能
155	进气歧管压力/温度传感器——发动机保护电路	红	进气歧管温度信号指示进气歧管空气温度超过发动机保护极限	如果发动机保护功能起作用,发动机功率或转速下降,并可能使发动停机
187	传感器电源B——低电压	黄	连接到燃油轨压力传感器上的ECM电源导线检测到低电压	发动机功率可能降低
197	发动机冷却液液位——发动机保护	黄	发动机冷却液液位信号指示冷却液液位超过发动机保护极限	如果发动机保护功能起作用,发动机功率下降和或转速下降,并可能使发动停机
198	报警指示灯电路		报警指示灯电路上检测到故障。可能是指示灯电路开路或者与蓄电池或搭铁之间出现短路引起的	报警指示灯不能正常工作
212	机油温度传感器电路	黄	机油温度传感器信号检测到高电压	机油温度使用默认值。发动机失去对机油温度的保护功能
213	机油温度传感器电路	黄	机油温度传感器信号检测到低电压	机油温度使用默认值。发动机失去对机油温度的保护功能
221	大气压力传感器	黄	大气压力传感器(ECM内部)出现故障	可能冒黑烟。发动机保护系统可能受到影响
227	传感器电源B——高电压	黄	连接到燃油轨压力传感器上的ECM电源导线检测到高电压	发动机功率可能降低
234	发动机超速电路	红	发动机转速信号显示发动机转速已超过超速极限	停止向喷油器供油,直到发动机转速降到超速极限
235	冷却液液位——发动机保护	红	发动机冷却液液位信号显示冷却液液位偏低	如果发动机停机保护功能起作用,发动机功率和/或转速下降,并可能使发动机停机
238	传感器电源C——低电压	黄	连接到机油压力传感器上的ECM电源导线检测到低电压	连接到这个+5V电源的机油压力温度传感器将使用默认值。发动机失去对机油压力的保护功能

续上表

故障码	故障位置	灯	故障原因	产生后果
239	传感器电源C——高电压	黄	连接到机油压力传感器上的ECM电源导线检测到高电压	连接到这个+5V电源的机油压力温度传感器将使用默认值。发动机失去对机油压力的保护功能
241	车辆速度传感器电路	黄	车辆速度信号已经丢失	发动机转速限制在"没有车辆速度传感器的最大发动机转速"参数值内。巡航控制,降挡减速保护和道路车速调速器不工作,基于里程的行驶信息数据将会不正确
244	指示灯电路故障	黄	一个或多个指示灯电路上检测到故障原因可能是报警指示灯电路以外的其他指示灯开路或与蓄电池或搭铁短路	如果存在开路或与蓄电池短路,则当接通钥匙开关测试时,指示灯将不能亮起,或如果存在短路搭铁,则当接通钥匙开关测试时,指示灯将一直亮
261	燃油温度传感器——发动机保护电路	黄	检测到燃油温度过高。燃油温度信号触针上的信号电压显示燃油温度超过71℃(160℉)	根据标定状况,发动机功率逐渐下降,并在报警后一段时间停机
263	燃油温度传感器电路	黄	燃油温度信号检测到高电压	燃油温度使用默认值。发动机功率可能下降
265	燃油温度传感器电路	黄	燃油温度信号检测到低电压	燃油温度使用默认值。发动机功率可能下降
266	燃油温度传感器——发动机保护电路	红	燃油温度信号指示燃油温度已经超过发动机保护极限	如果发动机停机保护特性已选择,将导致功率下降并且可能使发动机停机
271	电子燃油控制执行器电路——短路	黄	电子燃油控制执行器电路检测到短路	发动机功率下降、熄火或不能起动
272	电子燃油控制执行器电路——开路	黄	电子燃油控制执行器电路检测到开路	发动机功率下降到标定值
293	OEM温度传感器电路——高电压	黄	OEM温度传感器信号检测到高电压	OEM温度使用默认值
294	OEM温度传感器电路——低电压	黄	OEM温度传感器信号检测到低电压	OEM温度使用默认值
296	OEM压力——发动机保护——转速下降	红	检测到OEM压力超出范围,在OEM压力信号触针上的电压信号显示OEM压力超出OEM规定的限值	根据标定状况,发动机功率逐渐下降,并报警后一段时间停机
297	OEM压力传感器电路	黄	OEM压力传感器信号检测到高电压	OEM压力使用默认值

续上表

故障码	故障位置	灯	故障原因	产生后果
298	OEM压力传感器电路——低电压	黄	OEM压力传感器信号检测到低电压	OEM压力使用默认值
311	侧1喷油器电路故障	黄	侧1的喷油器电路上检测到短路。对于6缸发动机,侧1是指1、3和5号汽缸。对于4缸发动机,侧1是指1和3号汽缸	汽缸不能着火引起功率降低
321	侧2喷油器电路故障	黄	侧2的喷油器电路检测到短路。对于6缸发动机,侧2是指2、4和6号汽缸。对于4缸发动机,侧2是指2和4号汽缸	汽缸不能着火引起功率降低
322	喷油器电路	黄	当线束上有电源电压时,在1号汽缸上的喷油器驱动导线或回路上未检测到电源,或者在1号喷油器上检测到高电阻	1号汽缸可能缺火,发动机将可能运转粗暴
323	喷油器电路	黄	当线束上有电源电压时,在5号汽缸上的喷油器驱动导线或回路未检测到电源,或者在5号喷油器上检测到高电阻	5号汽缸可能缺火,发动机可能运转粗暴
324	喷油器电路	黄	当线束上有电源电压时,在3号汽缸上的喷油器驱动导线或回路未检测到电源,或者在3号喷油器上检测到高电阻	发动机可能运转粗暴
329	HPCR泄漏故障	黄	油轨压力无法维持在最大泵送能力	发动机可能停机
331	喷油器电路	黄	线束上有电源电压时,在2号汽缸的喷油器驱动导线或回路上未检测到电流,或者在2号喷油器电路上检测到高电压	2号汽缸可能缺火,发动机可能运转粗暴
332	喷油器电路	黄	当线束上有电源电压时,在4号汽缸的喷油器驱动导线或回路未检测到电流,或者在4号喷油器电路上检测到高电阻	4号汽缸可能缺火,发动机可能运转粗暴
341	电子控制模块(ECM)快速擦写存储器	黄	ECM中的存储器出错	可能对性能没有明显影响或发动机运转粗暴或不能起动

续上表

故障码	故障位置	灯	故障原因	产生后果
343	电子控制模块（ECM）	黄	电子控制模块（ECM）内部故障	可能对性能没有影响或性能严重下降
352	传感器电源电路	黄	在电子控制模块（ECM）在进气歧管压力温度传感器\OEM压力传感器\冷却液液位传感器以及远程油门传感器提供电源的导线上检测到低电压	连接到这个+5V电源上的传感器使用默认值，而且可能按默认怠速运行，由于按照没有增压的状态供油，发动机功率将会降低，并且会失去这些传感器对发动机的保护
381	1号进气加热器电路	黄	在1号冷起动辅助装置继电器起动电路检测到故障	1号进气加热器可能一直通电或断开，或者被破坏
382	2号进气加热器电路故障	黄	在2号冷起动辅助装置继电器起动电路检测到故障	2号进气加热器可能一直通电或断开，或者被破坏
386	传感器电源A——高电压	黄	在电子控制模块（ECM）在进气歧管压力传感器\OEM压力传感器\冷却液液位传感器以及远程油门传感器提供电源的导线上检测到高电压	连接到这个+5VDC电源上的传感器使用默认值，而且可能按默认怠速运行。由于按照没有增压的状态下供油，发动机功率将会降低，并且会推动这些传感器对发动机的保护
389	风扇离合器电路故障	黄	风扇离合器电路上检测到故障	风扇可能一直运转或者关闭，或者被损坏
392	排气制动器电路故障	黄	在排气制动器电路上检测到故障	发动机或排气制动器2号驱动器不能工作
412	J1708数据通信接口电路	无	在电子控制模块（ECM）和其他设备之间的J1708数据通信接口上的信息丢失	对性能没有影响，J1708装置将可能不工作
415	机油压力——发动机保护——供油减少	红	机油压力信号显示机油压力低于发动机保护下限	如果发动机停机保护功能起作用，发动机功率和/或转速下降，并可能使发动机停机
422	冷却液液位传感器电路	黄	冷却液液位高位信号和低位信号同时检测到电压，或者在两个信号均未检测到电压	发动机失去对冷却液液位的保护功能
426	J1939数据通信接口通信	无	在电子控制模块（ECM）和其他设备之间的J1939数据通信接口上的信息丢失	对性能没有影响，J1939装置可能不工作
427	J1939数据通信接口通信	无	J1939数据通信接口上的通信速度不够快	对性能没有影响，J1939装置将可能不工作
429	燃油含水传感器电路	黄	在燃油含水传感器上检测到故障	没有燃油含水检测功能

续上表

故障码	故障位置	灯	故障原因	产生后果
431	急速有效开关电路	黄	急速有效信号表明在急速和非急速信号上同时未检测到电压	对性能没有影响,但是急速有效信号丢失
432	加速踏板电路	红	油门位置信号表明油门处于非急速位置,急速有效信号却表明油门处于急速位置,或油门位置信号表明油门处于急速位置,急速有效信号却表明油门处于非急速位置	发动机可能仅能急速运转
433	进气歧管压力传感器电路	黄	当其他发动机参数指示进气歧管压力应当较低时,进气歧管压力信号却显示进气歧管压力过高	发动机功率将降低到无增压空气供油时的水平
434	非开关蓄电池电源电路	黄	上一次钥匙接通时电子控制模块(ECM)收集的所有数据在上一次钥匙断开后未储存到永久性存储器中	对性能没有影响,故障码图表/里程信息数据以及维护监视器数据可能不准确
441	非开关蓄电池电源电路	黄	在电子控制模块(ECM)电源触针上检测到的电压指示 ECM 的电源电压过低	发动机熄火或运转粗暴
442	非开关蓄电池电源电路	黄	电子控制模块(ECM)电源上检测到的电压指示 ECM 的电源电压超过系统最大电压水平	对性能没有影响
449	燃油压力——高	黄	燃油油轨压力信号显示燃油压力已经超过了给定发动机机型的最大限值	发动机可能会停机
451	燃油油轨压力传感器电路——高电压	黄	燃油油轨压力传感器信号检测到高电压	发动机功率和/或转速降低
452	燃油油轨压力传感器电路——低电压	黄	燃油油轨压力传感器信号检测到低电压	发动机功率和/或转速降低
488	进气歧管温度传感器——发动机保护—供油减少	黄	进气歧管温度信号指示进气歧管空气温度超出发动机保护极限	如果发动机停机保护功能起作用,发动机功率和/或转速下降,并可能使发动机停机
551	急速有效开关电路	黄	急速有效信号表明在任一信号上都没有检测到电压	发动机只能急速运转
596	充电机电路——高电压	黄	充电机上检测到高电压	仅记录故障码
597	充电机电路——低电压	黄	充电机上检测到低电压	仅记录故障码
598	充电机电路——超低电压	红	充电机上检测到电压特别低	仅记录故障码

续上表

故障码	故障位置	灯	故障原因	产生后果
689	发动机转速（曲轴）传感器电路	黄	电子控制模块（ECM）上未检测到来自发动机转速（曲轴）传感器的发动机转速信号	发动机可能运转粗暴，起动性能可能会很差
731	发动机转速信号不一致	黄	来自发动机位置（凸轮轴）传感器的发动机的转速信号和发动机转速（曲轴）传感器的备份信号不一致	发动机可能运转粗暴，起动性能可能很差
753	发动机位置	黄	电子控制模块（ECM）上未检测到发动机位置信号	起动性能可能很差
778	（凸轮轴）传感器电路		发动机位置（凸轮轴）传感器的备份发动机转速信号	
768	模拟转矩电路故障	黄	模拟转矩变速器接口电路上检测到故障	发动机、变速器接口不能正常工作
1417	电子控制模块（ECM）关闭	黄	钥匙开关位于"OFF"断开位置时电子控制模块（ECM）不能关闭	如果发动机长时间不运转，ECM将造成蓄电池放电
1478	起动机锁定——驱动器触针故障	黄	在起动机锁定驱动电路上检测到故障	起动机锁定功能将不能工作以发动机运行时，操作者能激活起动机
2185	油门电源——高电压	黄	油门电源电压高于5.5V	使用油门默认值，电子控制模块（ECM）使用油门的"跛行回家"模式
2186	油门电源——低电压	黄	油门电源电压低于4.5V	使用油门默认值，电子控制模块（ECM）使用油门的"跛行回家"模式
2194	OEM压力——发动机保护—供油减少	黄	OEM压力信号显示OEM压力超出了发动机的保护限定值	如果发动机停机保护功能起作用，发动机功率和/或转速下降，并可能使发动机停机
2197	OEM温度传感器——发动机保护—供油减少电路	无	检测到OEM温度超出了规定范围。OEM温度传感器信号触针上的电压信号显示OEM温度超出OEM规定的限值	根据标定情况，发动机功率逐渐下降，并在报警后一段时间停机
2212	燃油加热器电路故障	黄	在燃油加热器电路上检测到故障	燃油加热器可能一直处于接通或断开状态，或者被损坏
2215	燃油油轨压力正向偏差故障	黄	燃油油轨压力信号显示燃油一直低于指定的燃油压力	发动机功率可能下降或没有影响
2216	燃油油轨压力负向偏差故障	黄	燃油油轨压力信号显示燃油压力一直高于指定的燃油压力	发动机功率可能下降或没有影响
2217	电子控制模块（ECM）软件	黄	电子控制模块（ECM）的内部软件故障	可能对性能没有明显影响，或发动机运转粗暴甚至不能起动

3　线束的维修

对导线和线束的维护和修理是电控系统检修工作中的一个重要组成部分，下面介绍在

单元一　电控柴油机基础

康明斯发动机上广泛应用的各种不同型号插头的结构特点、拆装方法及在线束修理过程中的注意事项。

康明斯发动机上常用的插头有 6 种，包括 Deutsch、Weather Pack、Metri-Pack、AMP、Bosch 和 Framatome 插头。这些插头由不同厂家生产，因此其结构各有不同，适用的场合也不同；有的插头上的导线可以单独更换，有的则只能更换整个插头。不同类型的插头所使用的维修工具和拆装方法也各不相同。

1) Duetsch 插头

Deutsch 插头是 Deutsch 公司生产的插头，广泛使用在康明斯各个机型的电控发动机上。Deutsch 插头有少到 2~3 个针脚的插头，也有多达 50 个针脚的插头，如图 1-25a) 所示。这种插头的针脚可以单独更换。

有些较少针脚的三角形或方形 Deutsch 插头，在拆下橘色锁楔后可看到插头里面的针脚。对这些形式的插头可不需要专用的针脚拆装工具，用可以接近的小工具（如小螺丝刀）拨开针脚的锁止装置就可以从插头后方退出针脚；安装时不需要工具，只需轻轻将针脚插入插头，听到"咔嚓"一声即可。可轻轻拉拔针脚，确认针脚已正确就位，然后再装回锁楔，如图 1-25b) 所示。

a) 各种形状的Deutsch插头

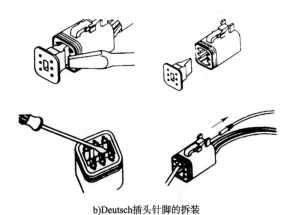

b) Deutsch插头针脚的拆装

c) Deutsch插头专用工具

图 1-25　Deutsch 插头与专用工具

对大多数圆形、较多针脚的 Deutsch 插头，其上的针脚锁止装置是无法直接接近的，需要专用的工具,如图1-25c)所示。用粗细合适的工具从插头的背后顺导线插入,可以顶开针脚锁止装置,此时轻拉导线即可取出针脚。注意根据导线的粗细选用合适的不同直径的专用工具。康明斯用不同颜色来区分导线的线号,即导线的粗细,红色代表20号线(最细),黄色代表12号线(最粗),蓝色代表16号线。注意这种专用工具为塑料制品,前端较薄而脆弱,极易损坏,使用时不可野蛮粗暴,以免损坏工具。

2) Weather Pack 插头

Weather Pack 插头常用于少针脚的小插头,如各种传感器和加速踏板的连接插头。在大多数康明斯电控发动机上都可以见到这种插头,如图1-26a)所示。这种插头的针脚可以单独更换。

Weather Pack 插头针脚的锁止舌位于针脚上,用一个圆柱形的套管工具[图1-26b)]从插头的前方沿针脚轻轻插入即可收拢针脚的锁止舌,轻轻拉拔导线就可以将针脚取出。安装时不需要使用工具,将针脚从插头后部插入,听到轻微的"咔嚓"声即可。然后轻拉导线,确认针脚正确就位[图1-26c)]。Weather Pack 插头的专用工具为壁厚非常薄的套管,应避免粗暴、野蛮使用,否则极易损坏工具。

a)Weather Pack插头

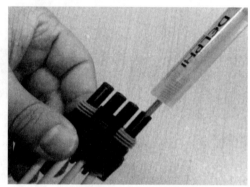

b)Weather Pack插头专用工具

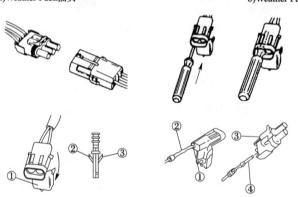

c)Weather Pack插头与拆装

图1-26 Weather Pack 插头与专用工具

3) Metri-Pack 插头

Metri-Pack 插头也是一种较为常用的插头,通常用在少针脚的应用场合,如各种传感器。这种插头内的针脚已完全固定在壳体上,不能单独更换。如果这种插头内的某个针脚损坏,必须剪下整个插头,整个更换新的插头,如图1-27所示。

4) AMP 插头

AMP 插头是 AMP 公司生产的插头,这种插头在计算机设备上使用很广泛。康明斯公司早期生产的电控发动机 ECM 上使用了这种插头,如图1-28a)所示。这种插头的针脚可以单独更换。要更换针脚,需先打开侧盖,松开线束,然后用针状专用工具插入针脚[图1-28b)],针脚的锁止舌即会缩回,轻拉导线,

图1-27　Metric-Pack 插头

就可以取出针脚。在装回针脚时,需先从针脚端头方向彻底插入专用工具,插入针脚,让针脚与工具一起移动,听到轻微的"咔嚓"声即可。然后轻拉导线,确认针脚正确就位。

a)AMP插头

b)AMP插头专用工具

图1-28　AMP 插头与专用工具

注意:在使用万用表测量 AMP 插头时必须使用合适的测试导线,否则极易使 AMP 插头的插孔扩大导致接触不良而产生故障。

5) Bosch 插头

Bosch 插头是博世公司生产的插头,广泛应用在博世公司生产的燃油系统部件上或 ECM 插头上,如图1-29a)所示。

一些小的 Bosch 插头内的针脚不可单独更换,损坏时需更换整个插头。一些大的 Bosch 插头内的针脚可以单独更换,但需使用如图1-29c)所示的两针或四针专用工具。拆卸小的针脚需使用两针工具,拆卸大针脚需使用四针工具,在拆卸针脚前,必须打开插头后部的保护套,再松开插头上的锁止开关,在插头上对应位置插入两针或四针工具[图1-29b)],针脚上的锁止舌就会缩回,轻拉导线就能取出针脚。小针脚只有一个锁止舌,两针工具的插孔在针脚孔的45°方向,所以小针脚装回去时要注意方向,使定位舌在插头的45°角方向,否则小针脚可能无法正确定位;针脚安装回去时不需要专用工具,锁止舌就位时也会产生轻微的"咔嚓"声,然后轻拉导线,确认针脚正确就位。

6) Framatome 插头

在最新的康明斯电控发动机上使用了 Framatome 插头。与前述的各种插头相比,这种插头的最大特点是采用了双重锁止装置,可有效防止插头的松动和脱落。这种插头常用于传感器,如图1-30所示。要脱开插头的连接,需先把红色锁片从锁止位推到释放位,再按下插头右侧中

间的锁片就可以分开连接。装配时合上插头,再把红色锁片从释放位推到锁止位即可。

a) Bosch 插头

b) 拆卸 Bosch 插头端子

c) Bosch 插头专用工具

图 1-29　Bosch 插头与专用工具

康明斯公司有线束维修工具包供用户选购,工具包中有维修工具,有各种插头的端子和插孔;有插头壳体,还有导线对接插头,如图 1-31 所示。用对接插头时,先把需连接的导线剥去 6mm 左右的保护层,把线芯插入对接插头,使用压接工具使导线牢固连接,两端导线连接后用力拉导线,确认压接牢固后再用热风机加热对接插头的两头,加热时,插头两端内部会分泌出密封胶,保证插头不受外界潮气侵蚀,保证插头良好的导通与可靠的工作寿命。

图 1-30　Framatome 插头

图 1-31　导线对接插头

四 实训——柴油机电控系统认识与基本测试

1 实训说明

当发动机接通电源开关时,控制系统自诊断功能就会投入工作,实时监测各种传感器、控制开关和执行器的工作状态。一旦发现某只传感器或执行器信号电压高于或低于正常范围,就立即发出报警信号,并记录故障码,必要时启用相应的备用功能使控制系统处于应急状态运行。而如果一个传感器或执行器的信号电压已经不符合规范的要求,但其输出电压还在系统设定的最高电压和最低电压之间,系统并不能发现此类故障。此外,因为发动机未曾起动运转,有部分传感器的信号被忽略,如机油压力、发动机转速、曲轴位置信号等。

在故障状态下,与其说是各种传感器、控制开关和执行器输出的信号出现异常,不如说是控制系统接收到的信号出现了异常。因为传感器信号由线束传递到ECM,由ECM采样转换后再进行诊断,所以从传感器产生信号、信号传输与信号处理这三个环节中任意一个环节出了问题,都会产生并记录一个故障,其中传感器故障是系统最常见的故障,所以故障诊断离不开对这三个环节的检测。要对这三个环节进行检测,当然必须读懂接线图并找到相应故障的传感器、线束插头和ECM针脚位置。

2 任务实施

1)柴油机电控系统的认识

(1)任务说明。

柴油机电控系统的认识包括传感器外形的认识、传感器在发动机上安装位置的认识、插头型号的认识以及控制面板的认识等。不同种类的传感器之间的差别,除了外形之外,其插头引出的导线根数也不尽相同,如温度传感器通常为2线,压力传感器通常为3线,温度/压力组合式传感器通常为4线;可变磁阻式速度传感器可能为2线,也可能为4线。各种传感器也都具有其各自的特殊位置,如转速传感器总是位于转速信号轮旁边,转速信号轮可能位于曲轴前端,也可能位于曲轴的其他位置,凸轮轴位置传感器总是靠着凸轮轴,温度传感器总是位于缸盖出水口旁边。控制面板上除了有电源开关外,还有指示灯和其他一些开关。

(2)任务准备。

东风康明斯ISDe CM2150发动机(或其他型号电控柴油机)。

(3)步骤与要求。

①各种传感器外形与位置认识。

a.冷却液温度传感器:双线,位于缸盖中靠近出水口的位置,参见图1-32。

b.机油压力开关:单线,位于发动机前盖上,参见图1-33。

c.曲轴转速/位置传感器:双线,位于发动机前盖上,也是发动机位置的备用传感器,参见图1-34。

d.凸轮轴位置/转速传感器:双线,位于发动机前盖上,也是发动机转速的备用传感器,参见图1-35。

e.油轨压力传感器:三线,位于油轨后端,参见图1-36。

f.大气压力传感器:三线,位于ECM上方,参见图1-37。

g.进气歧管温度和压力传感器:四线,位于进气管接头处,参见图1-38。

h.电子油门(主机厂提供):霍尔效应式加速踏板,外形与电位计式加速踏板相似。

i.燃油含水传感器(主机厂提供):位于燃油预滤器(粗滤器)底部,参见图1-39。

j.冷却液液位传感器(主机厂提供):位于膨胀水箱上,如图1-40所示。

k.电子燃油控制执行器:二线,位于燃油泵外侧中部,如图1-41所示。

图1-32　冷却液温度传感器

图1-33　机油压力开关

图1-34　曲轴转速/位置传感器

图1-35　凸轮轴位置/转速传感器

图1-36　油轨压力传感器

图1-37　大气压力传感器

图1-38　进气歧管温度和压力传感器

图1-39　燃油含水传感器

图1-40　冷却液液位传感器

②控制面板的认识。

a.指示灯的认识:掌握红色指示灯、黄色指示灯、蓝色指示灯、等待起动指示灯以及燃油中含水指示灯亮起或闪烁时的含义。

b.开关的认识:控制面板上有一些开关,诸如怠速调整开关、诊断开关、定速巡航开关等。

怠速调整开关是一个会自动复位的扳钮,其上方和下方分别标有(+)和(-),在发动机怠速运转时,把开关每向上扳动一次,可提高怠速25r/min,每向下扳动一次,则降低怠速25r/min。

在需要从指示灯读取故障码时,需打开诊断开关,此时如果存在故障,则红色指示灯和黄色指示灯会相继闪烁,指示出故障码,而此时如果有多个

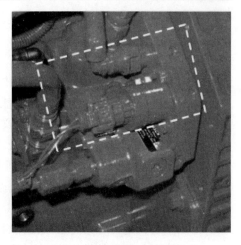

图1-41 电子燃油控制执行器

故障码,则可以向上扳动怠速调整开关或向下扳动怠速调整开关来读取下一个或上一个故障码,这样就可以读取全部现行故障码。如果没有现行故障码,则黄色指示灯常亮。读完故障码后应关闭诊断开关。

打开点火开关,不起动发动机,打开诊断开关,观察黄色指示灯是否常亮;再拔下冷却液温度传感器接头,观察指示灯如何闪烁。

(4)注意事项。

严禁野蛮拆装传感器线束接头。

2)接线图识读

(1)任务说明。

传感器产生信号、信号传输与信号处理这三个环节中任意一个环节出了问题,通常都会产生并记录一个故障,其中传感器故障是系统最常见的故障,所以故障诊断离不开对这三个环节的检测。要对这三个环节进行检测,当然必须读懂接线图并找到相应故障的传感器、线束插头和ECM针脚位置。

相比较而言,康明斯柴油机的接线图的识读要比一些汽车的电路图的识读容易得多。康明斯ISDe采用CM2150电控模块发动机的接线图如附录1所示。在发动机控制系统记录了故障码以后,通过指示灯(或服务软件)读取故障码,查阅故障码表(用服务软件双击故障码)就可以了解与故障相关的传感器(开关)/执行器。然后需要查阅接线图,明确那个传感器与ECM之间的联系。传感器(开关)与ECM之间的联系包括ECM上哪一个接口、具体接口位置以及针脚位置、传感器插头导线的编号等。

由接线图可知,凸轮轴位置/转速传感器、油轨压力传感器、进气歧管温度/压力传感器、大气压力传感器使用同一个供电电源,如果此供电电源发生故障,可能仅显示一个较重要故障的代码。

(2)任务准备。

①东风康明斯ISDe CM2150发动机试验台。

②东风康明斯ISDe CM2150发动机接线图。

③线束插头测量专用导线、线束维修专用工具。
④数字万用表。

(3) 步骤与要求。

①明确接线图左上角关于接线图中不同颜色导线的含义及其他图例的含义。

②明确接线图顶部关于康明斯责任与主机厂责任。

③明确图中各种零部件的表示含义。

④明确 ECM 上各插口的用途以及插口上各针脚的编号与具体位置。

⑤卸下线束与 ECM 的插口，找到凸轮轴位置/转速传感器线束插头信号回路端子与 ECM 上发动机插口对应的端子，用专用测试导线测量其是否导通。

(4) 注意事项。

①测量线束是否导通时必须使用合适的测试导线，严禁直接使用万用表触针野蛮测试。

②接线图上显示的是 ECM 上针脚的序号，注意线束插头上针脚序号与 ECM 针脚序号之间的对应关系。

③拆装 ECM 插头时应关闭电源开关。

3) 线束端子的维修

(1) 任务说明。

康明斯电控柴油机线束常见的插头有 Deutsch、Weather Pack、Metri-Pack、AMP、Bosch 和 Framatome 插头 6 种型号，其中 Metri-Pack 和 Bosch 传感器插头的端子是无法单独更换的，如果某端子发生故障时只能更换整个插头。Weather Pack 插头与 AMP 插头的端子可使用各自的维修工具拆卸；Bosch 插头的小端子可用两针工具拆卸，安装时需把端子上的定位倒刺呈 45°安装；大端子应使用四针工具拆卸；较少端子的 Deutsch 插头，用尖嘴钳和小螺丝刀拆卸端子；较多端子的 Deutsch 插头的端子则需选用适当规格的丁字形专用工具拆卸，该工具很脆弱，极易损坏，操作时应多加注意。出于成本的考虑，这种 Deutsch 端子的拆装可由教师演示。

(2) 任务准备。

①康明斯 (或其他) 电控柴油机线束总成一个。

②线束接头维修专用工具包一个。

(3) 步骤与要求。

①对照图 1-23 ~ 图 1-28，辨认并记录上述各传感器插头的型号及其打开与锁住的方式；辨认 ECM 上的插头型号。

②使用专用工具拆卸 Weather Pack 插头端子。

③使用两针和四针专用工具拆装 Bosch 插头端子。

④使用专用工具拆卸 Deutsch 插头端子。

⑤观摩使用对接接头维修线束。

(4) 注意事项。

不得野蛮拆装线束接头；不得野蛮使用专用工具拆卸线束插头端子。

4) 电位计式加速踏板的检测

(1) 任务说明。

早先在康明斯柴油发动机上使用的是图 1-42 所示的电位计式加速踏板,共有 6 根导线,分为 2 组,插头为图 1-24 所示的 Weather Pack 插头。插头上标有 A、B、C 字样,分别与图 1-42 所示的插头编号对应。电位计的技术规范参见技术规范部分。有时候,加速踏板插头的端子或插孔可能会因装配错误而插错了位置。本任务的宗旨是让学员在读懂接线图的基础上,练习如何使用数字万用表快速有效地确定插孔或端子的正确位置。

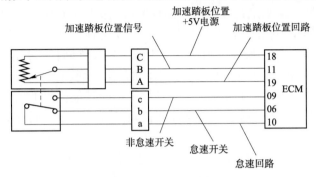

图 1-42　电位计式加速踏板与接线图

(2) 任务准备。
①电位计式加速踏板 1 个/组。
②数字万用表 1 个/组。
③Weather Pack 插头维修专用工具 1 个。

(3) 步骤与要求。
①复习电位计式加速踏板位置传感器与怠速开关的工作原理;
②释放 Weather Pack 插头上的锁止装置,标记 3 根一组的导线与插头,以免装配时张冠李戴;插入专用工具,抽出端子(插孔)。

这样 6 根带插孔或端子的导线混在一起,但其中 3 根为端子,3 根为插孔。如果忘记了端子或插孔应该安装到哪个插头中,可根据线束插头上的插孔与端子进行配对。

打开数字万用表到电阻挡,自动量程(或者导通挡);在这两组导线中找出两根是导通的,与其形状相同的另一根导线即为该插头的 c,即非怠速开关信号线;再压下加速踏板,与 c 导通的即为 a,即怠速回路线,那么剩下的那根就是 b 了。逐一把这 3 根导线插入插头的 a、b、c 位置。

再用数字万用表在电阻挡,自动量程测试剩下一组导线相互之间的电阻,有两根导线之间的电阻最大,而且压下或松开加速踏板时电阻不变,剩下的那根导线就是 B,即加速踏板位置信号线;再测量加速踏板位置信号线与其他任一根之间的电阻,同时变化油门开度,如果压下加速踏板时电阻由小变大,则那根导线是 A,即油门回路线;剩下的那根就是 C;如果压下加速踏板时电阻由大变小,则那根导线是 C,即加速踏板位置电源线;剩下的那根就是 A。逐一把这 3 根导线插入 A、B、C 位置。把导线插入就位时应能听到轻微的"咔哒"声,用手轻拉导线,确认导线已经就位。再把导线锁止装置复位,这样就完成了加速踏板各导线的查找和复位工作。

(4) 注意事项。
①Weather Pack 插头专用工具为一根管壁非常薄的管子,非常容易损坏,使用时仅用手

指的力量插拔即可,不可野蛮拆卸,以免损坏工具。

②用万用表测量时应使用 Weather Pack 插头专用测试导线,严禁直接使用万用表触针野蛮测试。

5)故障码的读取与故障诊断仪的使用

(1)任务说明。

获取故障码通常有两种途径:用故障诊断仪读取或从故障指示灯读取。

故障诊断仪有专用故障诊断仪和通用故障诊断仪两种,有的柴油发动机只能使用专用故障诊断仪(服务软件),有的柴油机则可以使用通用故障诊断仪。在使用通用故障诊断仪前,应仔细阅读故障诊断仪说明书,明确柴油发动机的生产商和型号,设定故障诊断仪(换装对应的卡片)使其适用于所使用的发动机,明确故障诊断仪能提供的监测参数种类;熟悉故障诊断仪与柴油发动机的连接通信。故障诊断仪除了可读取故障码外,还具有实时监测参数等很多功能。

如果没有专用/通用故障诊断仪,也可以通过故障指示灯的闪烁来读取故障码。ECM 中记录了的故障的代码只需打开电源开关,再打开诊断开关,指示灯就会通过闪烁指示出故障码。如果有多个故障码,可通过扳动怠速调整开关逐一读取。在不起动发动机的情况下,有些故障排除后原来的现行故障码就会自动转变为非现行故障码,而有些故障则必须运转发动机,让 ECM 接收到正常信号后,原先的现行故障码才会转变为非现行故障码,这是因为那些故障所对应的传感器只有在发动机运行时才投入工作。读完故障码后应关闭诊断开关。

(2)任务准备。

①通用故障诊断仪 1 台(型号不限)或安装好康明斯服务软件的笔记本式计算机以及数据通信适配器 INLINE;熟悉故障诊断仪的使用方法。

②适用通用(专用)故障诊断仪的柴油发动机试验台 1 个/组。

(3)步骤与要求。

①打开电源,不起动发动机,模拟一个或多个传感器故障(如拔下冷却液温度传感器接头与进气温度/压力传感器接头),用故障诊断仪读取故障码;再通过故障指示灯读取故障码,观察故障码是否一致;然后复位,清除现行故障码。

②打开电源,不起动发动机,踩下加速踏板,观察故障诊断仪监测到油门开度的变化。

③起动发动机,监测发动机转速、油轨压力、进气压力、进气温度等参数。

(4)注意事项。

①有的故障(如机油压力)在模拟设定后可能要运转发动机才能检测出来。

②不得直接使用万用表触针对传感器或线束接头进行测量。

③注意安全,避免长发及衣服下摆卷入发动机。

④开启通风装置,排出发动机废气。

⑤避免发动机长时间怠速运转。

五 学习评价

1 理论考核

1)名词解释

(1)电控系统的自诊断功能。

(2)负温度系数。

(3)绝对压力。

(4)相对压力。

(5)故障码。

(6)脉冲宽度调制信号。

(7)电路导通。

(8)电路开路。

(9)单刀单掷开关。

(10)单刀双掷开关。

(11)非开关电源。

2)简答题

(1)如何判定一个温度传感器工作是否正常?

(2)如何判定一个压力传感器是否工作正常?

(3)如何判定一个霍尔效应式位置传感器工作是否正常?

(4)简述电位计式加速踏板是如何工作的?它有何缺点?

(5)试对照附录康明斯ISDe发动机接线图,说明进气压力传感器信号电压异常的查找方法。

(6)如果温度传感器的电阻为10kΩ,输出电压为2.5V,ECM输入电压为5V,问ECM中内置电阻的阻值为多少?

(7)控制系统的输入与输出是由哪些部件构成的?

(8)控制系统自诊断有些什么功能?

(9)负温度系数的温度传感器,当温度升高时其电阻如何变化?

(10)绝对压力传感器测量的是什么压力?相对压力传感器测量的是什么压力?

(11)康明斯发动机电气技术规范中关于电路导通与开路是如何定义的?

(12)可变磁阻式速度传感器的输出信号有何特点?

(13)霍尔效应式位置传感器的输出信号有何特点?

2 技能考核

(1)找出油门位置传感器通向线束ECM插头的具体端子位置。

(2)诊断电位计式加速踏板位置信号故障(加速踏板位置传感器的三根导线安装错误)。

(3)从指示灯读取故障码。

六 拓展学习——电控柴油机控制系统的特性与功能

人们一提起电控柴油机就不禁想到柴油的电控喷射,诚然,把柴油以最佳形态和规律喷入汽缸燃烧,对于提高发动机性能、改善经济性和改善排放是非常重要的,是属于发动机制造厂商的核心技术。一些专业发动机制造厂商为了方便主机厂的运用,不仅把发动机各方面的控制,而且把车辆的控制也集成到发动机电子控制模块(ECM)里面。下面以康明斯

ISBe CM800 发动机的控制系统为例,介绍电控柴油机控制系统的特性与功能。

1　ECM 安全特性

发动机控制系统设置了 ECM 的多级安全特性,这种多级安全特性提供了不同层次对 ECM 中信息的访问能力。这种能力降低了未经授权对程序和存储进行更改的风险,也降低了未经授权将 ECM 中的信息清除的风险。ECM 受到调整密码、复位密码、主密码和 OEM 密码的保护。使用调整密码可以进行特性和参数的调整和向 ECM 传输标定。使用复位密码,可以复位发动机保护数据、复位行驶信息数据和复位维护监测。使用主密码则拥有调整密码和复位密码能访问所有级别,并可更改这两个密码。使用 OEM(主机厂)密码可以进入 OEM 传动系统的保护系统。

在发动机出厂时 ECM 中并未设置密码,此特性使用户可以用康明斯 INSITE 服务软件自行设置,设置或更改密码后 ECM 会记录所作更改的 ECM 时间以及由哪一台服务计算机进行了本次更改。如果遗忘了所设置密码,但需要对 ECM 的特性或参数进行更改,则必须使用一种名为 Zap it 的软件抹去原有密码方可对 ECM 的特性或参数进行更改。

2　车辆防盗

车辆防盗特性专为防止车辆被盗而设计,该特性要求接通 ECM 电源并输入发动机的起动密码,从而防止车辆被盗。此密码可以通过 INSITE 或者设在控制面板处的 Road Relay 4 键盘输入。Road Relay 4 为一个安装在控制面板上的一个随车输入装置。当防盗特性被启用时,操作者必须输入 6 个起动密码之一,才能起动发动机,但该特性不能阻止发动机意外停机后的再次起动。如果未输入有效密码而试图起动发动机,则存储器会记录该错误,同时红色停机指示灯会闪烁。有 6 个用户密码可以启用或解除防盗特性,这些密码存储在 ECM 中,可以使用康明斯 INSITE 服务软件对密码进行修改。要解除防盗特性,必须输入正确的密码;如果第一次密码输入不成功,则必须连着输入两次正确的密码;如果连续 5 次密码输入不正确,则必须等待 10min 后才可以再次输入。

防盗特性只有在被启用并处于工作状态时才能防止发动机被起动。该特性只有在发动机怠速运转时,或者钥匙开关处于 ON 位置,发动机并未起动的情况下才能启用。该特性有起动锁定和加速踏板锁定两种不同的锁定方式。

起动锁定有两种可供用户选择的输入方式,手动输入和自动输入方式。在自动模式下,发动机每次停机均被 ECM 锁定;无须输入防盗密码即可启用防盗特性,但解除防盗特性则必须输入防盗密码。手动模式下则需要操作者的操作方可激活该特性,防止发动机起动。用户需应答 Yes 或 No 的选择提示才能起动安全特性;如果选 Yes,用户需把钥匙开关转到 ON 位置;如果防盗系统设置需要输入 PIN 码,用户必须根据系统提示输入 PIN 码。如系统不需输入 PIN 码,则只需把钥匙开关转动到 ON 位置便可起动该特性了。

发动机怠速运转时,用户可以输入 PIN 码来启用油门锁定特性。在未输入正确的 PIN 码前,发动机将忽略油门信号。当启用了油门锁定特性后,如果发动机负载状态显著改变,如试图抬起离合器移动车辆时,ECM 会关闭发动机;而且在输入正确密码前,发动机不能重新起动。

3　进气加热

ECM 根据进气温度确定在预热循环中何时起动进气歧管加热器,当温度低于 22℃ 并且钥匙开关处于 ON 位置时,进气加热器开始预热循环。然而,当进气温度电路出现故障时,ECM 根据冷却液温度来确定起动进气歧管加热器的时间。进气加热器有两条独立的加热电路,可以在 12V 或 24V 电源下工作,当采用 12V DC 电源时,需要两个继电器方可正常工作,而采用 24V 电源时只需一个继电器。这些继电器的连接和安装由主机厂负责。进气加热器是一种取决于标定的特性,用户不能自行调整。该特性可以控制加热器芯。在低温条件下起动发动机时,加热器对进气进行加热。使用进气加热可以在低温条件下改善起动性能和消除白烟。

在操作控制台上有一个等待起动(WAIT)指示灯,在寒冷条件下,把钥匙开关转到 ON 位置时,指示灯亮起,表示进气加热器处于预热阶段,指示灯熄灭后即可起动发动机。在拖动期间,进气加热器关闭,以便起动机获得最大的电流。发动机起动后,两根加热格栅短时间内互相切换,以增强白烟控制。如果发动机首次起动失败,旋转钥匙开关以再次开始循环。虽然在预热循环中并不禁止起动发动机,但在预热循环结束后再起动效果会更好。当进气温度传感器显示温度超过预设的临界值,或冷却液温度超过预设临界值,或发动机转速超过 1000r/min 时,进气加热器停止工作。

客户可选装燃油加热器,燃油加热器位于燃油滤清器座上,用来加热燃油,以防止燃油在极冷环境条件下凝胶或析蜡。ECM 监测燃油温度,并控制燃油加热器驱动电路,该驱动电路控制一个继电器,继电器控制燃油加热器。当低于设定温度时,加热器打开;反之,加热器就关闭。该特性取决于标定,客户不能自行调整。

在其他康明斯电控发动机上,燃油加热器也可由主机厂安装到燃油预滤器座上,其工作也可由一个温控开关控制。

4 起动机锁定

启用了起动机锁定特性后,可禁止起动机在发动机运转时工作。它通过锁定向起动机继电器供电,切断起动机供电电流来实现这一功能。这样就可以阻止起动机试图带动已经运转着的发动机,防止起动机齿轮与飞轮齿圈碰击造成损坏。

5 排气制动

在发动机转速较高时,排气制动可获得较佳的制动力。闭合控制面板上的排气制动器开关即可启用排气制动器。当排气制动器开关闭合的情况下,如果遇到特殊情况,ECM 就会启用排气制动。启用排气制动的先决条件如下:排气制动开关必须位于 ON 位置、巡航控制关闭、车辆速度必须高于某设定值、动力输出(PTO)必须关闭、离合器必须完全释放、加速踏板完全释放、发动机转速必须在 1000r/min 以上。

6 低怠速转速、低温怠速调整与怠速停机

低怠速转速设定了默认的怠速转速,该转速可调整至发动机最大怠速转速。如果启用了低怠速调整特性,并在控制面板上安装了怠速调整开关,即可使用这个开关来调整低怠速转速。把怠速调整开关扳动一次,发动机怠速转速可调整 25r/min,而允许的调整范围为 600~900r/min。

低温怠速调整功能,根据发动机冷却液温度强制发动机在较高怠速下运行。当发动机冷却液温度过低时,会强制发动机在较高的怠速下运行 20s,然后逐渐降低到设定的怠速转速。

启用了怠速停机功能后,出于减排和节能的目的,如果发动机以怠速运行、车辆速度为

零,并且车辆离合器和油门在设定时间内没有变化,发动机在达到预设的时间后停机。

如果启用了怠速停机取消特性,操作者在动作时间过后的30s内进行离合器、制动器或油门操作就可以取消怠速停机特性,在这30s内,黄色警告指示灯会闪烁。停机取消特性将阻止怠速停机,直到车辆开始移动并检测到了车速传感器(VSS)信号。可以将怠速停机特性设定为当有动力输出(PTO)模式时关闭,或者在任何时候都启用。

7 道路车速调速特性

道路车速调速器特性限制了车辆最大道路车速,最高挡位的最高车速可按照最大限度地满足客户应用的原则进行设置。ECM 根据车速传感器(VSS)类型计算车速,根据采用的 VSS 类型,确定车辆速度可能还需要后桥轮胎规格、每英里脉冲数、尾轴齿轮齿数、后桥传动比等数据。

道路车速调速器修正下部调速特性设置了在车辆调速器设置参考速度基础上的最大增量。在下坡和无负荷条件下,在供油完全切断之前,下部调速特性较高的设定值将允许车辆速度超出调速器参考速度一个较大的量。更快的下坡速度增加了动量,有助于驶入下一个上坡。下部调速特性使用较低的设定值时,在车速较接近与参考速度时就切断供油。此参数可设定在 0～4828m/h。

道路车速调速器修正上部调速特性设置了在车辆调速器设置参考速度基础上的最大减量。在上坡和负荷增加条件下,在增加供油之前,上部调速特性较高的设定值将允许车辆速度大大低于调速器设定的参考速度。较大的调速率可提高车辆在山区行驶时的经济性。反之,较小的调速率可使对车辆速度的控制更精确。此参数可设定在 0～4828m/h。

两极或全程调速器参数表明所选的调速器类型,如果选择了两极调速器,则加速踏板信号与发动机负荷共同决定发动机的最高转速。由于加速踏板位置决定了发动机的总可用转矩,所以发动机转速直接与发动机负载有关。

全程调速器模式也称为全速式调速器,不同的发动机转速完全取决于加速踏板位置传感器的输入信号,而不管发动机负载的变化。当加速踏板处于最大与最小开度之间的任何位置,调速器都尽量保持发动机转速稳定。

驾驶人可以通过控制面板上安装的开关在两极式调速器和全程调速器之间进行选择。只有加速踏板在开度为零的时候,ECM 才允许发动机切换调速器模式。

在一些特种工程机械上,发动机除了驱动车辆外,还需要以某一设定的发动机转速驱动如液压机构工作,切换最大发动机工作转速功能允许用户在康明斯设定的发动机最高转速之下,设定在特定工况下的发动机转速。

8 巡航控制

巡航控制允许驾驶人无需踩下加速踏板即可以超过48km/h 的车速行驶,最大巡航车速限制了巡航控制时的最高车速,该设置值不能超过最大车速设置值。在巡航控制工况下也具有与道路车速调速特性相似的下部调速特性与上部调速特性,以提高经济性。此控制可通过开关操作来实现。设定的巡航速度在发动机关闭后保存在 ECM 中,下次车辆行驶时可通过恢复操作开关使车辆以上次设定的巡航车速行驶。巡航控制自动恢复特性允许在巡航控制状态下换挡,而无须在换挡结束后将设置/恢复开关拨回到巡航控制位置,为了使该特性正常工作,换挡操作必须在6s内使用离合器来完成,而且换挡结束后发动机转速必须高于低怠速转速,车辆速度必须高于48km/h。该功能主要适用于手动和半自动变速器。

在巡航状态下,如果排气制动开关处于ON的位置,当车速达到或超过预先设定的巡航车速时,巡航控制特性中的排气制动将会导致在巡航控制状态下排气制动器自动工作。

❾ 动力输出(PTO)

动力输出是指发动机的动力除了驱动车辆行驶外,还用来驱动其他机构。动力的输出通常通过飞轮齿圈驱动,也有在发动机自由端输出,通过曲轴自由端输出的功率不大。

PTO最大和最小转速参数设定在PTO模式下发动机转速的上下限。对于大多数发动机来说,最低PTO转速不得低于低怠速转速。PTO设定转速需在PTO设定ON/OFF开关处于ON位置,设定/复位开关切换到设定位置时设定的转速,该转速可以在发动机最大转速与最小转速之间任意设定。PTO恢复转速是当设定/复位开关切换到恢复位置时获得的发动机转速,该参数可以在最大PTO转速和最小PTO转速之间任意设定。特定的应用要求在起动辅助设备时稍微限制PTO操作,以调节供油。在PTO模式下,PTO参数中的最大发动机负荷控制发动机的最大转矩输出。

远程PTO指的是在驾驶室以外的地方操作PTO。远程PTO功能为运行PTO设备或以高怠速运转发动机提供了受控转速工作模式。在下列工况下可以启用远程PTO特性:车速低于最大PTO车速、发动机转速位于最大PTO转速与最小PTO转速之间,并且无车速传感器信号错误。远程PTO需要使用驾驶室外控制面板上的一个开关进行控制,该开关起动远程PTO至某个转速,该转速可设置到最大PTO转速,当常规PTO和远程PTO同时使用时,远程PTO享有控制发动机转速的优先权。通常采用一个拨动开关,使用延长线来便于操作。远程PTO转速设置数量参数用来定义可设置的远程PTO发动机转速的数量,这些转速设置可以利用远程PTO开关来控制,最多可设置5种PTO转速,每个转速设置必须位于最大和最小PTO转速之间。当开关拨至ON位置,车辆处于远程PTO运转状态时,发动机运行于远程PTO转速设定值1状态下;要切换到其他设定转速,将远程PTO开关关闭再打开,重复的次数与要切换到的发动机转速设定值序号相对应。例如,发动机在远程PTO转速设定值1下运行时,将开关拨动4次,就可以切换到转速4;同理,如果发动机在远程PTO转速设定值4状态下运行时,将开关拨动2次,发动机便切换到以转速2运行。

PTO加速率定义了发动机在PTO运行状态下,加速或减速时的发动机转速变化率,单位为r/min(转/分钟)。向(+)或(-)方向拨动开关就可以改变转速。

PTO油门取消特性可控制车辆在PTO模式下运行时加速踏板是否可提高发动机转速。启用该特性时,踩下加速踏板可将发动机转速提高到ECM中设定的值,释放加速踏板又可使发动机恢复到PTO设定值。该取消特性允许驾驶人在辅助制动器启用的情况退出PTO工作模式,或者在踩下离合器踏板时也可退出PTO工作模式。

PTO最高车速限定了车辆在PTO模式下允许达到的最高车速,车辆在PTO模式下的车速可设定为0~48.28km之间的任意值。

❿ 风扇控制

控制系统通过与风扇相关的特性控制风扇的使用。有许多种发动机工况都需要风扇工作,其中包括冷却液温度、进气温度、空调制冷剂压力、燃油系统要求、排气制动、维修工具以及手动风扇开关等,根据配置情况,ECM 将响应上述某种工况或所有工况的请求,控制风扇的工作。利用控制系统来控制风扇的工作具有如下优点:监控重要的发动机参数和车辆参数,以优化风扇的使用,当减速需要的制动力等于或大于最大排气制动力时使风扇工作,可增大制动力。在已达到冷却要求后,尽可能减少风扇的运转从而延长风扇的使用寿命。可以利用相同的驱动电路来控制多个风扇或不同类型的风扇。

风扇可以是开关类型,也可以是变速类型。利用服务软件可以对风扇进行调整,以满足风扇离合器的工作要求。有些风扇在 12V 电压下啮合,而有些风扇在电压为零时工作。

开关类型的风扇,可以全开或全关,也可以全开或部分接合。在部分接合模式下,风扇离合器有一个固定的滑动量,风扇控制不能改变这个滑动量的大小。

变速风扇利用脉冲宽度调制(PWM)信号可在很大范围内调整风扇的转速。这种风扇的转速在全开和关闭的范围内是无级变化的,并且可以在控制系统的请求下以指定的转速工作而不受发动机转速的影响,直到锁定离合器。由于可以根据使用要求和发动机负载情况来优化风扇的转速,所以比开关型风扇具有更高的燃油经济性和提高发动机性能的潜力。

最大风扇转速参数规定了每个变速风扇的最大转速,开关型风扇不能应用此参数。该控制只在防止风扇损坏并延长风扇使用寿命。关于最大风扇安全转速需咨询风扇制造商。这个参数确保风扇不会在过高或过低的转速下工作。如果风扇转速过高,车辆就达不到风扇低速转动时的经济性,还可能造成风扇损坏;反之,如果风扇转速过低,可能会造成冷却能力不足。

空调压力开关输入信号可根据空调管路中的压力来禁用或启用风扇的工作,系统可设置为当空调系统高压侧的空调内置压力开关监测到制冷剂的压力过高时起动风扇进行工作,然后 ECM 控制风扇工作来降低制冷剂压力。

最短风扇运行时间参数确定了当空调压力开关监测到空调制冷剂压力过高后风扇的最短运行时间,该参数所确定的时间段应足够长,以确保制冷剂压力已经降到设定的临界压力以下,这样有助于避免风扇的频繁开关。较长的运行时间可降低风扇运行的次数,从而延长了风扇离合器和传动带的使用寿命;反之,如果设定的运行时间较短,则可以提高燃油经济性和发动机的性能。

11 油门特性

远程油门指的是除了加速踏板以外的加速控制装置。当远程加速控制开关处于 ON 的位置时,ECM 将用于控制发动机的信号切换到远程加速上。接着 ECM 将根据远程加速的信号来控制发动机的转速而忽略驾驶室加速踏板的输入信号,直到远程加速开关拨至 OFF 位置。

加速连锁特性通常利用一个安装在车门上的连锁开关,使发动机在车门未关闭的时候保持怠速运转。通过这个特性,使得在车门打开时加速无效,发动机保持怠速运行。这个特性还在发动机舱门开启、驾驶人未在驾驶座上或泊车制动器未接合时有效。加速连锁特性既适用于主油门,也适用于远程加速。

设定发动机转速特性,可通过服务软件取消加速踏板的作用,而将发动机转速控制于服务软件设定的转速值。可设定的值须控制在发动机正常转速范围内。

在某些应用类型中,希望能提供当加速发生故障时的设备持续工作能力。发动机限速(油门跛行)回家特性提供了这种能力。加速故障是指所有超出加速状态范围的情况。发动机限速(加速跛行)回家特性需要用到怠速有效特性。在这种运行模式下,当怠速有效信号表明加速处于怠速位置时,发动机将以怠速运行;当加速离开怠速位置时,发动机将以预设的中速运行。

变速器换挡调节特性使 ECM 输出一个模拟信号,该信号与当前发动机当前转速、转矩、发动机绝对转矩和油门输入信号成比例。PWM 信号对变速器的控制取决于模拟输入信号。

在高海拔地区,为了达到标准增压压力,涡轮增压器可能会超过其设计极限。高海拔地区空气稀薄,可导致涡轮增压器超速。ECM 利用大气压力传感器来确定何时降低供油量以限制排气。此项特性用户不可调节。

12 行驶信息

行驶信息中包含以下几类数据:累计数据,即发动机寿命信息;行驶数据,即上一次行驶中的累计数据;驾驶数据,即截止到上一次行驶的累计数据;怠速数据,即截止到上一次行驶的怠速累计数据;PTO 数据,即截至上一次行驶的 PTO 模式累计数据;PTO 驾驶数据,即车辆在 PTO 模式下运行并行驶的累计数据;制动器使用率,即截至上一次行驶行车制动器累计使用量;时间百分比,即截至上一次行驶不同工作状态的时间百分比;驾驶人奖励,即定期监测驾驶人行驶里程燃油经济性和怠速百分比。

发动机时间偏差和发动机里程参数都是行驶信息系统的组成部分。这两个位置输入的值都添加到总 ECM 时间内。在更换 ECM 时,可输入该发动机已经运行的 ECM 时间和发动机里程信息。

13 多路通信

多路通信是指使用一个电路传输来自多个部件的信号,对 ECM800 发动机控制系统而言,多路通信允许选用利用 J1939 数据通信接口进行通信的部件(图 1-43)。多路通信特性使 OEM(主机厂)线束上的一些触针可以多余出来供日后使用。而且,由于不必把每一个 OEM 部件都直接连接到发动机 ECM 上,使连线也得到了简化。但是多路通信要求 OEM 安装一个车辆电子控制单元(ECU)来实现与发动机 ECM 的多路通信。很多开关和指示灯的信号都可用多路通信进行传输。

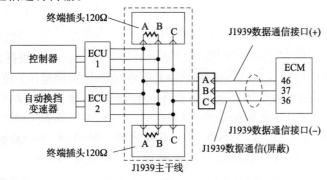

图 1-43 J1939 数据通信接口电路

14 车速传感器(VSS)

在车辆上安装何种车速传感器是 OEM 的权利,而车辆速度传感器类型特性将车辆上所用的车速传感器的类型提供给 ECM,ECM 据此来正确计算车辆速度。

机械式传感器是一种专用的 VSS,也是一种小型信号发生器,由车速表传动软轴驱动,软轴每转动一周输出 30 个交流电压信号。

电磁式传感器也是一种专用 VSS，它与安装在变速器尾轴齿轮连同使用，车速表齿轮的齿数必须在变速器尾轴齿轮齿数参数中定义。当变速器尾轴齿轮转过传感器时，电磁式 VSS 即产生脉冲。

行车自动记录仪是一种安装在车辆仪表板上的仪表组和数据记录设备，它也能够提供车辆速度信号，主要应用在欧洲车型上，该设备可发出脉冲宽度固定但频率不同的脉冲流，脉冲流的频率代表变速器尾轴的转速。脉冲宽度是标准化的，它代表了轮胎尺寸和驱动桥减速比之间的换算率。

数据通信接口 VSS 是一组 J1939 专有信息，其中包括通过 J1939 数据通信接口传输到 ECM 的车辆速度信息，也称为传动比类型的 J1939。数据通信接口尾轴是由装备有 VSS 的变速器提供的标准 SAE J1939 信息，其中包括以 r/min 为单位的变速器尾轴信息，也称作无传动比的 J1939。带有逻辑信号调节器的车辆可以使用数字输入信号来表示车辆速度。如果车辆没有安装车辆速度传感器，ECM 将根据"无 VSS"这个可调设置值了解到。

如果要使发动机在没有检测到车辆速度时仍然可以运转，则必须设置无 VSS 时的最大发动机转速参数，在无车辆速度传感器信号的情况下，该参数可控制发动机可以达到的最高转速，但是这种情况不适用于 PTO 或远程 PTO 模式。

15　维护监测

维护监测可提示驾驶人机油的更换间隔，该一特性通过维护指示灯的闪烁来提示预设的更换机油周期已到，该特性还可以根据车辆行驶的里程数、发动机时间、燃油用量以及所使用的机油和机油滤清器的类型指标来计算到下次更换机油所剩余的时间。

维护监测模式设置决定维护监测的工作模式，可设置为自动、根据里程或时间来确定机油的更换间隔。维护的时间和里程参数，规定了车辆在达到期望的维护间隔之前发动机可运转的总时间或车辆可行驶的总里程。如果使用手动模式确定机油更换间隔，这些参数则表明了机油和机油滤清器组合的预期寿命。当使用自动模式来确定机油更换间隔时，该特性监测发动机运行时间、车辆行驶里程和燃油消耗量，并根据存储在 ECM 中的对应数值进行评估。当某个参数值首先达到了预设水平时，该特性就会向驾驶人发出提示。维护监测特性在使用自动模式确定机油更换间隔时，会用到"间隔系数"这个参数。间隔系数参数是 ECM 中用来预设临界值的一个系数，该系数依据路面的粗糙程度以及所使用的机油等级确定的。它提供了直接与路面粗糙程度和发动机工作环境恶劣程度直接对应的比例关系。维护监测根据报警百分比在维护间隔结束之前发出警告，这个参数表示达到总间隔时间的百分比，其推荐值为 90%。如果以上任何一个参数达到了临界值，则每次打开钥匙开关后，ECM 都会使维护指示灯闪烁，直到该参数被重置。三次快速闪烁和一个停顿组成一个序列，这个闪烁序列将在 12s 内重复 5 次。

维护检测的复位可以通过 INSITE 服务软件来进行，也可以通过一系列的加速踏板和离合器踏板的动作来复位。

16　发动机保护停机

当机油压力、冷却液温度、进气歧管温度、增压压力、冷却液液位和燃油温度等参数显示发动机的工作状态超出了正常范围时,可选的发动机保护停机特性将自动关闭发动机。当系统记录了某参数超出范围的故障后,发动机的转速和功率将根据情况的严重程度逐步降低,只有启用了发动机保护停机特性,发动机保护系统才会在上述情况下自动关闭发动机。

在发动机停机之前,驾驶室中的报警指示灯将闪烁 30s,以提示驾驶人。停机后无须关闭钥匙开关即可起动发动机。

辅助保护系统能够监测多达 2 组输入参数、一种温度和一种压力参数,并且能够在发动机工况超出正常范围时记录下整段的故障。该系统能够降低发动机转矩或者关闭发动机。当系统监测到发动机工况超出正常范围时,ECM 也能够保存一份电子记录,其中包括故障发生时间、持续时间、极端压力和极端温度。

超速保护特性监测发动机转速,并在检测到超速时切断发动机供油。发动机最高转速设定取决于标定。超速故障发生后会被记录下来,ECM 也会记录此时的发动机数据。当发动机转速下降到最高转速以下时会恢复对发动机的供油。

17 发动机预热保护

启用了发动机预热保护特性后,ECM 将对供油量进行限制,以确保对连杆轴承、涡轮增压器轴承等发动机部件的充分润滑,在达到并保持住必须的机油压力之前,发动机对主油门、远程油门、PTO、远程 PTO 及其他输入的响应都被禁用。

18 减挡保护

减挡保护特性限制了低挡位时的车辆速度,低挡位下的最高车速设置为比高挡位的最低车速更低,这将鼓励人们以高挡位行驶,以提高燃油经济性。

19 传动系统保护

传动系统保护特性限制了发动机的转矩输出,防止发动机转矩输出超过传动系统部件的额定转矩,从而避免了由于转矩过大而造成这些部件损坏,必须输入 OEM 密码,方可使用传动系统保护特性。该特性提供了 3 种类型的保护,分别为开关控制的保护、驱动轴/桥保护(包括驱动轴桥转矩极限、道路车速下的最大转矩)以及变速器保护。每种保护类型所要求的转矩极限都与其他保护类型的转矩无关。当车辆行驶时,ECM 读取驱动轴/桥转矩极限参数,并以该参数值除以计算得出的当前传动比,然后该特性根据此计算结果来请求发动机的转矩极限,这样即可让传动系统保护特性对发动机转矩极限进行调整,以补偿由于当前传动比造成的倍增效应,这将有助于确保不超过传动系统转矩极限。在车辆从静止状态起动的过程中,零道路车速下的最大转矩参数可以对车辆进行保护。当车辆静止时,ECM 将零道路车速下的最大转矩参数值作为转矩极限;当车辆开动时,ECM 将驱动轴/桥转矩极限参数的输入值作为转矩极限。

变速器保护参数允许有 3 个确定了转矩上限的传动比范围,这些参数值可以限制发动机的转矩,以避免驱动桥在所有传动比范围下超转矩。当车辆在某一传动比范围内工作时,就需要用到该范围的转矩极限。ECM 根据发动机转速和车辆速度来计算当前的传动比,然后选择当前要采用的转矩极限,只要车辆处于行驶状态,就要使用 3 种发动机转矩极限值中的一个。利用 INSITE 服务软件可以选择性的启用或禁用传动系统保护加载减速特性,但在 CM800 控制系统的介绍中没有这一特性。启用了加载减速特性后,系统可在加载减速或高负载情况下起动传动系统保护。该特性要求使用多转矩限制变速器。在加载减速情况下，高挡位下的转矩被限制在中等转矩范围内，直到车辆在油门全开状态下进入一种高挡位转矩范围工作状态，这时车辆开始减速，并且处于加载减速状态，接着控制系统将转矩极限从中等转矩极限切换到高转矩极限状态。如果有多种转矩极限要求，则强制使用具有最低转矩的转矩极限。选定的转矩极限是一种绝对的发动机供油极限，任何供油调速器和J1939命令都不可超过此极限。

当今的发动机能够产生比以往更大的转矩，可以对发动机进行调整，使其能产生比传动系统与冷却系统组件设计能力更大的转矩和功率，在确定传动系统故障和发动机过热相关故障的潜在原因时，对发动机转矩历史记录的跟踪检查是非常有用的。转矩历史记录器是一种跟踪检查系统，它能够显示铭牌信息，可用于标定和可编程功率选项，该信息是显示在屏幕上的只读信息，显示发动机在所安装的标定和代码条件下可产生的最大功率和转矩。

20　充电机故障报警特性

充电机故障报警特性跟踪记录蓄电池电压，如果电压超出指定的范围并持续一定的时间，它将发出早期警报。共有3中电压警告级别。系统电压过高或过低都可以通过打开维护指示灯来提示（指示灯亮而不闪），而极低的充电系统电压则通过闪烁的维护指示灯来表示。电压警报的极限值和持续时间取决于标定。

21　怠速加速特性

启用了怠速加速特性后，一旦检测到系统电压较低或极低的情况，该特性即可将怠速转速提高到875r/min。提高怠速转速是为了将系统电压提高到正常水平。当起动了怠速加速特性时，怠速降低开关就被停用，以避免驾驶人无法实现怠速加速的情况出现。怠速加速持续的时间和序号也由ECM跟踪记录。

以上列举了康明斯ISBe CM800电控柴油机ECM的功能，现代电控柴油机还有一些隐含的功能和技术，诸如自动调节各缸喷油量以保证柴油机以设定的怠速转速运转；东风康明斯ISDe发动机在凸轮轴位置传感器失效的情况下，发动机也能够起动和工作；在使用两个直列柱塞给油轨供油的情况下，如果其中一个柱塞工作不正常，控制系统能够监测到是哪个柱塞工作不正常等。

除了柴油机电子控制模块（ECM）的这些功能之外，国际知名的柴油机制造商都开发了功能强大的服务软件，如康明斯的INSITE服务软件。该软件除了读取故障码，并为排除代码相应的故障作出详细的排除步骤以及其中的注意事项，指出应该使用何种专用工具；而对没有代码的故障，也提供了对应的检查步骤和方法的指导。参数监测功能能根据服务技师的指令，来监测指定的发动机参数，为快速查找和排除故障提供帮助。ECM检测功能能根据指令，逐缸切断供油或切断不止一个汽缸的供油来找出工作不正常的汽缸，同时以百分比显示出各汽缸的贡献。还有很多其他功能，在此不一一列举。相比国产电控柴油机，在控制系统以及服务软件方面，与国外的先进水平还存在很大差距。

单元二　电控柴油机燃油系统

学习目标

1. 了解燃油加热器的工作原理；
2. 了解电控柴油机燃油系统中燃油预滤器与燃油滤清器的规格；
3. 了解位置控制式电控分配泵的工作原理与特点；
4. 熟悉时间控制式电控分配泵的工作原理与特点；
5. 了解宝来轿车 TDI 柴油机泵喷嘴结构与工作原理；
6. 了解康明斯电控 PT 燃油系统的工作原理与特点；
7. 掌握高压共轨燃油系统的组成、工作原理与特点；
8. 理解 Bosch 电磁式喷油器的工作原理；
9. 理解供油规律对柴油机性能的影响；
10. 掌握四气门柴油机高压共轨燃油系统的检测方法；
11. 掌握四气门柴油机高压共轨燃油系统喷油器的正确拆装步骤和方法；
12. 充分认识清洁对于电控燃油系统的重要性。

一　燃油系统概述

柴油机电控燃油喷射系统的研究开发始于20世纪70年代,80年代进入应用阶段,90年代得到迅速发展。它对提高柴油机的动力性、经济性、降低噪声和排放都产生了极大的影响。

柴油机电控喷射系统按其控制方式不同可分为两大类,即位置控制系统和时间控制系统。第一代柴油机电控喷射系统采用位置控制系统,这种电控柴油机的燃油系统与传统柴油机的燃油系统差别很小,它不改变传统的喷油系统的工作原理和基本结构,只是采用电控组件,代替调速器和供油提前器。对分配式喷油泵的油量调节套筒或柱塞式喷油泵的供油齿杆的位置,以及油泵主动轴和从动轴的相对位置进行调节,以控制喷油量和喷油正时。其优点是:无须对柴油机的结构进行较大改动,生产继承性好,便于对现有机型进行技术改造。缺点是：控制系统执行频率响应慢、控制频率低、控制精度不够稳定；喷油率和喷油压力难于控制，而且不能改变传统喷油系统固有的喷射特性，因此很难较大幅度地提高喷射压力。

第二代柴油机电控喷射系统采用时间控制方式，其特点是利用电磁阀直接控制喷油开始时间和结束时间，以改变喷油量和喷油正时。它具有直接控制、响应快等特点。

时间控制系统又有电控泵喷油器系统和电控共轨燃油系统两类。电控泵喷油器系统除了能自由控制喷油量和喷油正时外，喷射压力还十分高（峰值压力可达240MPa），但其无法实现喷油压力的灵活调节，且较难实现预喷射或分段喷射。电控共轨燃油系统是一种比较理想的燃油系统。它不再采用柱塞泵分缸脉动供油原理，而是用一个设置在燃油泵和喷油器之间具有适当容积的油轨，把高压油泵输出的燃油蓄积起来，再通过高压油管输送到各个喷油器，由喷油器上的电磁阀控制喷射的开始和终止。电磁阀起作用的时刻决定喷油正时，起作用的持续时间与油轨压力决定喷油量，由于该系统采用压力—时间式燃油计量原理，因此又可称为压力—时间控制式电控喷射系统。按其共轨压力的高低又分为高压共轨、中压共轨和低压共轨三种。

高压共轨燃油系统属第三代电控柴油机燃油系统，这种技术的发明使柴油机燃油系统产生了根本性的变革，使得喷油压力、喷油时刻与喷油规律都可加以控制。高压共轨燃油系统中燃油以很高的压力喷射，改善了雾化和燃烧，所以排放得到显著改善，很容易达到欧Ⅲ排放标准，这些优点将使得越来越多的柴油机采用高压共轨燃油系统。

二、电控柴油机燃油系统

1. 电控柴油机燃油系统组成与功用

电控柴油机的燃油系统的组成与传统柴油机相似，有油箱、预滤器（粗滤器）、手油泵、输油泵、燃油滤清器（细滤器）等，只是多了燃油中含水传感器、燃油加热器、燃油温度传感器（如果有的话）、ECM冷却器（燃油冷却式）和滤清器堵塞传感器（如果有的话）、燃油泵、（油轨、油轨压力传感器、限压阀）、喷油器等。

在起动时，燃油被输油泵从油箱中吸出，进入燃油预滤器，预滤器上面通常还设有燃油中含水传感器（WIF, Water in Fuel）和一个放水开关。现代电控柴油机的燃油预滤器通常要求具有10μm的过滤能力，还能分离90%以上的自由水和乳化水。在过滤下来水的平面高过燃油中含水传感器极柱平面时，发动机维护指示灯就会闪烁，提醒驾驶人排放预滤器中的水。及时排放过滤下来的水非常重要，因为水不具有润滑能力并对零件具有锈蚀作用，水进入高压油泵或喷油器会对泵或喷油器造成严重的伤害，显著缩短其工作寿命。

供客户选装的燃油加热器视具体情况，可安装在燃油预滤器或滤清器的座上。燃油加热器可由ECM控制或由一个温控开关控制。在燃油温度低于某个设定温度，如2℃时，燃油加热器即开始工作，当燃油温度达到某一设定温度，如24℃时，加热器停止工作。这样对燃油进行加热来降低燃油的黏度，保证有足够的燃油通过滤清器供发动机工作。由ECM进行控制的燃油加热器上还有一个燃油温度传感器，用来监测燃油温度。

与传统柴油机的燃油滤清器相比,电控柴油机的燃油预滤器和滤清器对过滤杂质的要求更高。现代电控柴油机的燃油预滤器要求具有 $10\mu m$ 的滤清能力;燃油滤清器常要求具有 $2\sim5\mu m$ 的滤清能力。有的柴油发动机的滤清器上还安装了一个滤清器堵塞传感器,该传感器监测滤清器进出口之间的压力差,当压力差达到某一设定值后,ECM 会提醒驾驶人更换燃油滤清器。常见的燃油滤清器有两种:一种仅需定期更换滤清器壳体内部的滤芯,另一种滤芯带有金属旋装式外壳,相比较而言前者更经济。

与稍早的电控柴油机燃油预滤器和燃油滤清器的滤清能力相比,新的电控发动机对燃油滤清的要求明显提高。如早期康明斯 ISBe 电控发动机预滤器和燃油滤清器的滤清能力分别为 $300\mu m$ 和 $7\mu m$,而近年生产的 ISDe 发动机预滤器和燃油滤清器的滤清能力分别为 $10\mu m$ 和 $5\mu m$。这说明随着电控燃油系统的机械零部件越来越精密,对燃油的洁净程度要求也越来越高。这就要求维修技师在燃油系统的修理和维护中需要特别注意清洁,在拆卸燃油管路时,特别是拆卸燃油滤清器出口以后的燃油管路时,需特别注意清洁。接头拆卸时应遵循清洁→松开→再清洁的过程;卸下的燃油管路应及时用清洁的盖塞堵住,或用清洁口袋装好,以免粘上灰尘;燃油预滤器可以加注清洁燃油后再安装到发动机上;而燃油滤清器(细滤器)不得预加注,防止杂质进入高压管路而引起故障;修理中应使用不会起毛的毛巾等。只有充分注意了燃油系统的清洁,燃油泵和喷油器才能够可靠工作,发动机就能保持良好的性能,同时维修的成本也可降低。

有的电控柴油机的 ECM 采用燃油冷却,流过燃油预滤器的燃油先进入 ECM 后部的冷却腔,带走 ECM 电子元件的热量后再进入输油泵。有的电控柴油机上除了机械输油泵外,还设有一个电动注油泵。这种电动注油泵常常在点火开关打开时短时工作,例如工作 20s 或 30s,以加大低压供油油路的压力,改善发动机起动性能。有电动注油泵的柴油机,在燃油系统修理后首次起动时,可以反复多次打开点火开关来使低压供油油路充满燃油和排放低压供油油路中的空气。有的柴油机上设有手动油泵,用来在起动前提高低压油路中的压力,以利快速起动。

燃油泵产生燃油喷射所需的高压燃油,送到喷油器。燃油泵也有铭牌,标注有生产序号以及零件号等重要信息。

2 电控柴油喷射的基本原理

电控柴油喷射系统由传感器、控制模块(ECM)和执行机构三部分组成,如图 2-1 所示。传感器采集转速、温度、压力、流量和加速踏板位置等信号,并将实时检测的参数输入计算机;ECM 是电控系统的"指挥中心",对来自传感器的信息同储存的参数值进行比较、运算,确定最佳运行参数;执行机构按照最佳参数对喷油压力、喷油量、喷油时间、喷油规律等进行控制,驱动喷油系统,使柴油机工作状态达到最佳。

电控柴油机的喷油量、喷油时间和喷油规律除了取决于柴油机的转速、负荷外,还跟众多因素有关,如进气流量、进气温度、冷却液温度、燃油温度、增压压力、电源电压、凸轮轴位置、废气排放等,所以必须采用相应传感器,采集相关数据,其采集的数据量可达 15000 个/s。有关传感器的结构和原理与汽油机的电控汽油喷射系统的传感器基本相同。

由各种传感器采集的数据,都被送入电控模块(ECM),并与存储在里面的大量经过实验得到的最佳喷油量、喷油时间和喷油规律的数据进行比较、分析,计算出当前状态的最佳参数,其运算速度可达 2000 万次/s。

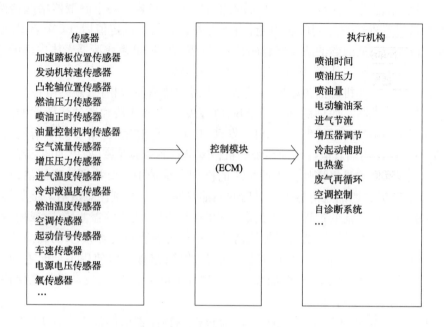

图 2-1　电控柴油喷射基本原理

通过 ECM 计算出的最佳参数,再返回去通过执行机构(电磁阀等),控制电动输油泵、高压油泵、废气再循环等机构工作,使喷油器按最佳的喷油量、喷油时刻和喷油规律进行喷油,控制输出的速度可达 2000 次/s 以上。

3 电控分配泵燃油系统

最早的柴油机电控燃油系统是以直列柱塞式喷油泵为基础改造的,用电子调速器代替原有的机械调速器,来实现对喷油量的控制;用正时控制器取代原有的机械离心式供油提前角自动调节器,来对喷油正时进行控制;并设有油量调节拉杆(齿条)位置传感器和正时传感器,对喷油量和喷油正时均采用闭环控制方式,属于位置控制方式。

轴向柱塞式分配泵的电控系统是在传统的轴向柱塞式分配泵燃油系统的基础上发展而来。因分配泵具有体积小、质量小、成本低等优点,对发动机及汽车的总体布置十分有利,因而在汽车上获得广泛应用。按对供油量和供油正时的控制方式不同,分配泵的电控系统可分为位置控制和时间控制两种类型。

1)位置控制式分配泵燃油系统

电控分配泵燃油系统的构成如图 2-2 所示。位置控制式电控分配泵的结构如图 2-3 所示。一汽大众捷达轿车 1.9L SDI 柴油机采用的 VE 分配式油泵就是一种位置控制式分配泵。把电控分配泵与机械式分配泵的机械结构相比较,可知位置控制式轴向柱塞式分配泵的机械结构与机械式分配泵基本相同,只是在泵轴上多了一个转角信号轮,把机械调速器换成电子控制的执行机构,采用旋转螺线圈式执行机构来控制油量控制滑套(溢油环)的位置(图 2-4),从而改变供油量。

单元二 电控柴油机燃油系统

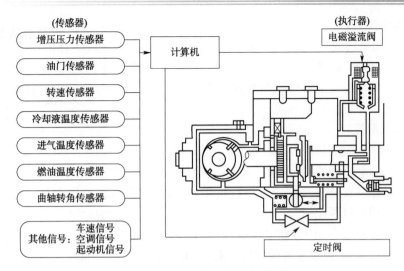

图 2-2 电控分配泵燃油系统的构成

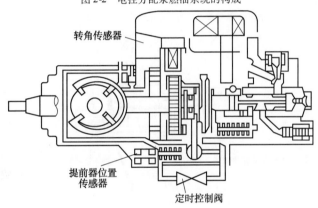

图 2-3 位置控制式电控分配泵的结构

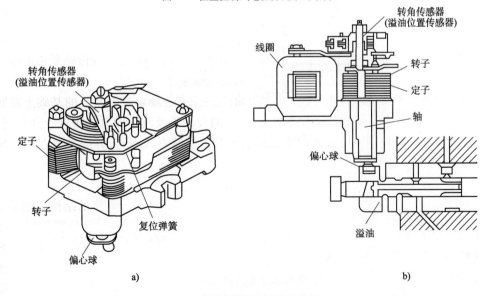

图 2-4 旋转螺线圈式执行机构

(1) 供油量控制。

ECM 根据加速踏板的位置和柴油机转速传感器的输入信号,计算出基本供油量;然后根据冷却液温度传感器、进气温度传感器、进气压力传感器等提供的信号,对基本油量进行修正;再按油量调节套筒位置传感器的信号进行反馈修正,确定最佳油量,ECM 依此作为控制信号,发送到供油量控制电磁阀。

(2) 供油时刻控制。

ECM 根据柴油机转速传感器的输入信号,计算出基本供油提前角;然后根据冷却液温度传感器、进气温度传感器、起动状态传感器等传感器提供的信号,对基本供油提前角进行修正;再按定时器位置传感器的信号进行反馈修正,确定最佳供油提前角。ECM 依此作为控制信号,发送到定时器控制阀。

定时器控制阀也是个电磁阀(图 2-5)。由 ECM 传来的信号使电磁线圈产生电磁力,拉动铁芯,带动阀门移动,以改变提前器活塞右侧(高压腔)与左侧(低压腔)的压力差,使提前器活塞移动,带动分配泵滚轮座转动,以改变供油时刻。

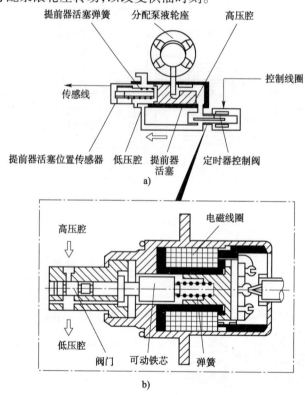

图 2-5 供油正时的控制原理

第一代位置控制式燃油喷射系统具有如下特点:

①间接控制喷油量——位置伺服间接控制喷油定时——液力系统伺服控制。

②喷射压力大小控制——取决于原有机械系统的性能。

③喷油速率控制——取决于原有机械系统的性能。

④优点:技术难度小,改动工作量小,成本低,可以实现机械混合运行,安全可靠。

⑤缺点:间接控制,响应慢,对发动机性能改善有限。

2)时间控制式分配泵燃油系统

喷油脉宽和喷油正时的计算是时间控制式燃油喷射的关键技术之一,其中涉及很多复杂的技术难点,包括发动机瞬时转速的波动、执行器的响应特性、测试技术及计算机处理技术等。目前都采用 ECM 查询基于实验标定的 MAP(脉谱)图的方式,来得到喷油脉宽和喷油正时的数据。MAP 图是试验样机在不同发动机转速和负荷下得到的最佳供油定时的一个曲面。要得到一幅精确的 MAP 图,需要进行海量的试验,再把这些结果以二维数据表的形式存入 ROM。运行时只需非常短的时间去查表即可得到最佳的基本控制参数,这些基本控制参数必要时还需对其进行修正。

(1)供油定时的修正。在进气压力低时,为了避免冒烟,应适当提前供油定时;冷机起动时还要根据冷却液温度来修正供油定时。

(2)基本喷油量的补偿。电控柴油机的喷油量由发动机转速和加速踏板位置来得到基本喷油量的 MAP 图。这种基本喷油量参数还必须进行下列适当的补偿:

①进气压力补偿。由于高海拔地区空气稀薄、空气滤清器堵塞、增压器转速低或压气机后面的进气系统泄漏等故障,使进气压力降低,ECM 根据进气压力传感器的信号将喷油量减少,避免柴油机冒黑烟。

②温度补偿。温度补偿包括进气温度补偿和燃油温度补偿两种。当柴油机进气温度高时,进气密度下降,使进入缸内的空气质量减少;在冷却液温度高时,汽缸壁温度升高,传给新鲜充量的热量也有所增加,这也会使缸内新鲜充量的质量减少。ECM 会根据接收到的信号适量减少喷油,避免发动机冒黑烟和过热。在柴油机冷机起动时,则适当加大喷油量,以便发动机迅速起动。在燃油温度过高时,因燃油的热胀冷缩,ECM 则适当加大喷油量(体积),以免发动机动力不足。

③柴油机低油压保护。电控柴油机的控制系统都具有发动机保护功能,ECM 时刻监测发动机的机油压力。当机油压力过低时,ECM 会限制发动机的转速和最大喷油量并发出报警信号;当机油压力不能保证发动机正常运转时,如果柴油机启用了发动机保护功能,ECM 便切断发动机供油使发动机停机。

④柴油机高冷却液温度保护。电控柴油机高冷却液温度保护与柴油机低油压保护功能相似,在因冷却液不足或其他原因引起发动机冷却液温度过高时,ECM 报警并切断供油,实现停机保护。

第二代电控燃油系统包括分配泵系统、直列泵系统、泵喷嘴和单体泵系统等。其共有的控制特点为:依靠传统的脉动泵产生高压;喷油量控制和喷油脉宽完全由电磁阀控制;电磁阀关闭时刻决定喷油正时;电磁阀关闭时间的长短决定喷油量多少。第二代电控燃油喷射系统与第一代燃油喷射系统相比,采用了电磁阀实现对喷射过程的数字控制,不但可以控制喷油量,而且可以控制喷油正时,可实现高频率和更加灵活的控制,还可以实现分缸独立控制。

一些不同国家的柴油机制造商开发了不同型号的时间控制式电控分配泵,这些电控分配泵的结构、原理大同小异。下面以早期康明斯 ISB/QSB 发动机采用的 Bosch VP44 电控分配式燃油泵为例,介绍整个燃油系统的组成与工作。电控分配式燃油泵的机械结构与位置控制式分配泵基本相似。

(1) 输油泵。

康明斯早期 ISB/QSB 发动机的燃油系统中使用了一个由 ECM 控制的 12V 直流电动叶片式输油泵。发动机运转时输油泵最小输出压力约为 70kPa。在发动机起动时输油泵的最大输出压力约为 50kPa。ECM 用脉冲宽度调制 (PWM) 信号对输油泵进行控制。当点火开关首次转到 ON 位时，输油泵工作 2s；起动期间输油泵的运转受到限制以控制燃油泵的进口压力，直到发动机起动。如果短暂或持续起动起动机而发动机未能起动，则在结束起动后输油泵会继续工作 25s (这个性能常用来在燃油管道拆卸修理后排放燃油系统中的空气)。当发动机运转时，ECM 使输油泵全负荷运转。如果因燃油管破裂，钥匙开关还在 ON 位而发动机熄火的时候，输油泵会停止工作以免引起燃油泄漏。在输油泵内有一个 528 目的可卸下清洁的滤网。在取出滤网时要注意不得扰动输油泵转子叶片，以免引起转子卡死。

(2) 燃油滤清器/油水分离器。

有两种燃油滤清器/油水分离器可供选择，一种是旋装式，一种是可换滤芯式，两种规格相同。顶装可换滤芯式燃油滤清器被广泛使用在 ISB 发动机上。在可重复使用的燃油滤清器壳体上装有燃油中含水传感器 (WIF)、燃油加热器 (备选) 和一个放水开关。燃油滤清器过滤下来的水分沉淀在底部，当 WIF 传感器的两个极柱被水淹没时，ECM 会提醒驾驶人排放油水分离器中的水分。在安装滤清器盖时需更换新的 O 形密封圈。

在寒冷气候条件下，燃油加热器加热燃油，来增大通过燃油滤清器的流量。加热器由一个双金属开关控制，当燃油温度低于 4℃ 时燃油加热器开始工作，到 27℃ 时停止。

有些 ISB 发动机使用旋装式燃油滤清器，使用这种燃油滤清器时其燃油中含水传感器、放水开关的布置与可换滤芯式不同，燃油加热器则安装在滤清器座上。

(3) 燃油泵。

Bosch 公司的 VP44 燃油泵是一种电子调速的径向柱塞式分配油泵，由曲轴齿轮驱动油泵齿轮。在康明斯 ISB 发动机上，该油泵驱动齿轮用一个半月键与油泵轴之间定位正时，该半月键并不用来传递动力，仅用来保证喷油正时。动力靠驱动齿轮锥孔与油泵轴锥面之间的摩擦力来传递。拆装时为了避免此键掉落，应把键旋转到大约 12 点钟的位置。这个半月键是偏心键，上面有零件号和一个箭头，安装时箭头必须朝向油泵壳体 (图 2-6)。油泵壳体的铭牌上也打有半月键的零件号。只能使用规定零件号的半月键，否则会影响喷油正时。该泵可提供快速的油量响应、油泵故障状态、燃油温度补偿并能迅速改变供油量来保持所需转速。此外，该半月键的硬度不高，当安装油泵，把油泵驱动轴插入驱动齿轮锥孔时，一定要使半月键精确对准齿轮锥孔的键槽，否则容易损坏此键而产生喷油正时误差，引起发动机功率不

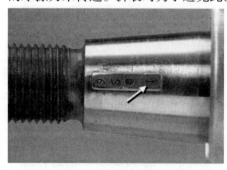

图 2-6　燃油泵正时键安装方向

足和冒烟等症状。VP44 燃油泵在使用在其他品牌的柴油机上的时候，可能不采用半月键而采用其他措施来保证喷油正时。

电动输油泵从油箱吸出燃油，加压后到滤清器入口，燃油流过滤清器进入一个 5μm 的

油水分离器。在除去93%的水分以及杂质后,燃油经过低压供油管路进入燃油泵。燃油泵把燃油加压、控制喷油正时、对高压燃油进行计量后分配燃油经过高压油管到喷油器。

VP44燃油泵的主要部件有:壳体、叶片泵、主驱动轴、内凸轮环、滚子与座、支承轴承、转子、泵柱塞、高压头、计量控制阀、出油阀、主正时活塞、主活塞控制弹簧、主活塞弹簧、伺服弹簧、伺服活塞、伺服油缸、压力调节器、燃油泵控制模块、增量角度与正时传感器、计量控制阀线圈与计量控制阀等,图2-7所示为六缸柴油机用VP44燃油泵。

燃油泵进油口的油腔内有一个燃油温度传感器,它检测进入的燃油温度。此温度被燃油泵控制

图2-7 Bosch VP44燃油泵

模块用来进行供油补偿。规范要求入口处的最高油温应不高于71℃。燃油在系统中也起到润滑和冷却作用。

燃油进入燃油泵首先冷却燃油泵控制模块(FPCM,Fuel Pump Control Module)再到叶片泵入口。此叶片泵可看做是个二级输油泵。叶片泵由燃油泵主轴驱动。燃油从叶片泵入口进入,随转子转动流向燃油出口,叶片泵的输油量随发动机转速的增加而增加。经叶片泵加压的燃油流向泵顶部的压力调节器,压力调节器控制叶片泵出口至供油与正时控制机构的燃油压力。多余的燃油经调节器流回叶片泵入口。此调节器在发动机额定转速时控制叶片泵的压力约2.07 MPa。经调压后的燃油通过燃油泵转子中的供油槽流向计量控制阀。计量控制阀由燃油泵控制模块(FPCM)控制,当阀打开时,燃油从回油孔流出。如果压力超过830kPa,燃油可顶开出油阀进入高压油管。这样一小股燃油通过出油阀流向高压油管有利于排出燃油系统中的空气。同时从计量控制阀来的低压燃油充满三个高压泵腔。起动期间如果从计量阀来的燃油压力过高,则有可能使高压柱塞向中心方向浮起,不能紧靠内凸轮环,燃油就无法充分进入高压泵腔,所以在起动机拖动时输油泵的运转应受到限制,起动期间输油泵的输出压力过高反而会使得发动机起动困难。

燃油进入高压泵腔把柱塞副推向外侧,同时燃油泵控制模块指令计量阀关闭[图2-8b)],密封泵腔中的燃油。而转子转动,内凸轮迫使柱塞向中心运动,高压油腔中的燃油压力升高。在油压升高的同时,燃油从出油口流向高压油路。压力继续升高,直到大约31 MPa时喷油嘴针阀升起,开始喷油。由于燃油从喷孔喷出的速率小于燃油被柱塞压缩的速率,所以在最大流量时燃油压力可升至约138 MPa。供油持续到FPCM指令计量控制阀打开,燃油从原路回流,高压油路内的压力迅速降低,喷油结束。ECM根据发动机转速与负荷确定供油量,而FPCM可以根据ECM的信号控制打开计量控制阀的时刻来改变供油量。总之,当计量控制阀开启时,燃油进入并充满高压泵腔;控制阀关闭时喷油即开始。计量阀关闭时间的长短决定了喷油量的多少。

6缸机用的VP44泵有3个呈120°均布的柱塞,内凸轮环有6个向内的凸起,如图2-8a)所示。转子转动一圈,柱塞径向往复运动6次,分别向6个汽缸的喷油器提供高压燃油。而4缸机用的VP44泵,则有两个相对布置的柱塞,内凸轮环有4个向内的凸起。转子转动一圈,柱塞往复运动4次,分别向4个汽缸的喷油器提供高压燃油。

由于高压泵与泵控制系统工作时产生大量的热，系统中设计了冷却油路来把热量带走到燃油箱。回油量由设在燃油泵上的溢油阀控制，大约70%的供油量从回油油路回到油箱。溢油阀通过一个单向球阀来保持一个较低的背压，球阀开启压力约为 100 kPa。在单向球阀前有一个小孔用来排放燃油中的空气。油泵内部泄漏的燃油重新流回叶片泵入口。

a)泵油原理　　　　　　　　　　b)供油控制

图 2-8　燃油泵工作原理

高压油管的尺寸、刚度和长度对于适当的燃油输送非常重要。

如前所述，喷油器喷油所需的高压由转子旋转、凸轮向中心推动柱塞所产生。改变内凸轮环的位置，就改变了喷油的时刻。凸轮环的位置由喷油正时机构中主活塞的位置所控制。在起动起动机时，主活塞复位弹簧使主活塞回位，凸轮环处于滞后的位置，此时喷油大约在上止点位置开始。叶片泵输出的压力燃油液流向主活塞及其伺服机构。当此燃油压力升高时，作用在主活塞上的燃油把主活塞推向复位弹簧，带动凸轮环旋转使喷油提前，如图 2-9a)所示。在此位置时，凸轮就会较早的与柱塞副接触，即提早供油。

流向主活塞的燃油由正时机构中的主活塞控制阀和伺服活塞控制。在起动的时候，伺服活塞上的弹簧将活塞保持在伸展位置，这就使得主活塞在其复位弹簧的作用下关闭通过主活塞的燃油油路。此时，供油滞后［图 2-9b)］。叶片泵的燃油压力直接作用于伺服活塞内的油腔，当叶片泵输出的燃油压力一旦建立，就压缩伺服活塞，使主活塞控制阀上的弹簧打开燃油通道来推动主活塞，使喷油提前。流过伺服活塞的燃油由正时控制阀所控制。当在其正常关闭位置时，正时控制阀关闭供油油路，这样建立起油压来压缩伺服阀的弹簧，打开主活塞控制阀，燃油流向主活塞一侧，推动主活塞，提前发动机喷油正时。

当 ECM 发出控制指令时，正时控制阀打开，从叶片泵来的燃油流出伺服活塞［图 2-9c)］，伺服活塞弹簧伸展，使主活塞控制阀关闭，切断燃油通道。这样复位弹簧使得主活塞移位，带动凸轮环旋转到滞后喷油模式。由此可知，如果正时控制阀的电信号丢失，主活塞腔内的燃油就无法释放，这样发动机的喷油正时将总是提前。

ECM 正时标定功能给正时提前机构发送信号，可在 30°~0°之间改变喷油正时来适应发动机转速、负荷与排放控制的需要。正时提前角也是燃油泵转速与叶片泵压力的函数。

ECM 接收来自增压压力传感器、冷却液温度传感器、发动机转速传感器、进气歧管压力传感器与加速踏板传感器来的信号计算出喷油正时。如果这些输入改变，喷油正时也随着改变。ECM 根据内部算法来计算所需的正时指令，然后把指令发送给燃油泵控制模块（FPCM）。

有一些因素可能影响喷油正时与喷油量,在某些情况下某个因素会起主导作用,例如冷却液温度低的时候,不管其他装置的输入如何,发动机不会全速运转。

a)喷油提前

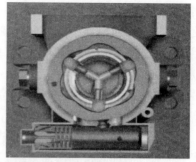
b)供油滞后

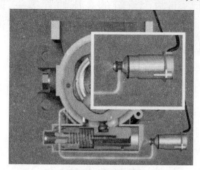
c)供油正时控制阀

图 2-9　供油正时控制原理

(4)喷油器与燃油连接管。

由于 ISB 发动机缸盖为 4 气门布置,所以燃油通过一根安装在缸盖中的燃油连接管把燃油引入喷油器。燃油连接管头部有一个颗粒粉碎器(Edge Filter),可以把燃油中可能存在的颗粒物在进入喷油器之前进一步粉碎,以保护喷油器的工作。燃油连接管的球头与喷油器进油口的球窝配合密封,连接管由高压油管接头的预紧力矩保持定位。

喷油器为 Bosch 公司的孔式喷油器,其原理与传统柴油机的机械式喷油器相同。喷油器上有 O 形密封圈以分开燃油歧管与缸盖顶部的机油。喷油器头部有一个铜垫片来密封并保持其垂直。喷油器位于汽缸燃烧室中心。喷油器顶部有一个偏心槽以确保其安装方向正确。

喷油器与摇臂的设计使得喷油器的拆装不会影响到摇臂。要拆卸喷油器,首先卸下摇臂室盖。拆下喷油器压钳排气侧的螺栓,取下压钳。注意不要拆卸进气侧的压肩螺栓。拆下该汽缸的高压油管,安装专用的高压连接管拉器拉出连接管,注意不得使用螺丝刀等工具撬出连接管,连接管未取出时无法取出喷油器。把喷油器拉器螺栓拧入喷油器顶部的螺孔中,拧紧螺栓即可拉出喷油器。用喷油器座孔清洁刷清洁喷油器座孔,清除座孔中的垃圾,注意取出喷油器密封垫圈。检查座孔,确认只安装了一个垫圈。如果安装了不止一个垫圈,就会改变喷油器在汽缸内的凸出量以及喷油器与连接管的正确结合。

检查喷油器与连接管的接触密封,确认连接管端部与喷油器的密封带良好地围绕连接管。在喷油器上安装一个新的 O 形密封圈。安装一个新的铜质密封垫圈到喷油器上,确认零件号正确无误,只可安装一个密封垫圈。康明斯 ISB 发动机上使用 1.5mm 厚度的密封垫圈。安装喷油器时可在喷油器头部用薄薄一层润滑油粘住密封垫圈;在喷油器 O 形密封圈上涂少量润滑油。

确认喷油器进油口对准连接管方向,使喷油器就位,再把喷油器压钳插入,按规定力矩拧紧紧固螺栓。把连接管换上新的 O 形密封圈,用少量润滑油润滑,插入连接管;安装高压油管,按规定力矩拧紧。

注意:力矩过大反而会造成连接管与喷油器之间密封不良而漏油。

在油箱没有油或者高压油路拆卸过以后燃油系统都需要排放空气。短暂地起动起动机使输油泵工作 25s。此功能可以用来检测输油泵的运行或在修理后使低压油路充满燃油。输油泵可使空气通过溢油阀排到回油管路。重复此步骤可排空低压油路中的空气。要排放高压油路中的空气,可先松开后部两个汽缸的高压油管接头,同时起动起动机,等高压油管中没有空气排出时按规定力矩拧紧接头。继续排放其他高压油管中的空气,直到发动机成功起动。发动机起动后就可以自己排出高压油路中的空气了。发动机短暂地加速可以加快油路中空气排出过程。

在出现发动机工作不良,功率不足等现象时,就需要对燃油系统进行检测。这种电控分配式燃油系统的检测与传统柴油机燃油系统的检测基本相似。对于外部高压管路接头泄漏的检测,应该在发动机运转的时候用一张白纸围绕接头周围来检查。如果白纸上有油渍,则说明油管破裂或接头泄漏。当检查高压油路泄漏时,不允许油束接触皮肤,因为高压油束能轻易地穿透皮肤而对人体造成严重伤害。其他诸如油路中有空气、进油和回油阻力、输油泵供油压力、滤清器两侧压降的检测、喷油器的检测等需注意测试时的发动机工况等因素,在此不再赘述。

(5)发动机电子控制模块 ECM 与燃油泵控制模块 FPCM。

燃油泵控制模块 FPCM 与 ECM 之间的通信通过 J1939 数据通信线路进行,FPCM 的电源由 ECM 通过一个继电器提供;喷油和正时由 ECM 控制,具体的燃油控制阀与正时装置通过 FPCM 控制;FPCM 把故障信息通过通信线路传给 ECM,燃油泵故障信息与其他故障信息一起储存在 ECM 中。如果出现 366、367、374、375、376 这 5 个故障码之一,则不用再做其他故障诊断,直接更换燃油泵。

燃油泵增量角度正时系统根据泵的转角决定供油起始与终止时刻。该系统使用一个传感器对安装在油泵主轴上的齿圈产生脉冲信号。该齿圈对应发动机的一个特殊位置缺失一个齿。与 ECM 一起,该系统提供的信息使 FPCM 能够确定发动机的位置和控制喷油正时。然后 FPCM 发送信号给正时控制阀来调节正时。在发动机上还设有一个凸轮轴位置传感器,位置在燃油泵下面。凸轮轴齿轮的背面有一个孔,当这个孔对准传感器时就表示发动机处于第一缸压缩上止点的某个相应位置。当凸轮轴位置传感器与燃油泵上的增量角度传感器所指示的发动机位置相差 3°曲轴转角时,控制系统则以燃油泵增量角度传感器的信号为准来控制喷油正时,同时系统会记录一个故障码。

从 Bosch VP44 燃油泵的机械结构来说,与 VE 型机械式分配泵或位置控制式分配泵基本相似,在高转速时也可获得相当高的喷油压力,取得较好的雾化和燃烧的效果,但低速时的喷油压力低,雾化、燃烧差,不能实现多次喷射,无法满足日益严格的排放要求,因此康明斯后来生产的 ISB 发动机采用了 Bosch 的高压共轨燃油系统。

4 电控 PT 燃油系统

由于传统的 PT 燃油系统不能有效地调节喷油正时,故后来开发了可以有级调节喷油正时的 PT 燃油系统,直到电控 PT 燃油系统的问世。下面以早期康明斯 QSK19 发动机的燃油系统为例,说明电控 PT 燃油系统是如何工作,是如何无级调节喷油正时的。QSK 表示该发动机为采用 Quantum 系统的 K 系列发动机(新的 QSK19 发动机也采用了高压共轨燃油系统)。

QSK19 燃油系统与传统的 PT 燃油系统一样,采用机械操纵的开式喷油器,以及康明斯电子控制装置,以提供精确的燃油控制和无级喷油正时。这种燃油系统可分为液压—机械部件和电子控制系统部件。图 2-10a)给出 QSK19 发动机上燃油系统的布置与组成,包括:燃油滤清器座和燃油滤清器,燃油泵,燃油控制阀总成,燃油歧管,喷油器和燃油冷却器。该燃油系统液压—机械部件的控制原理如图 2-10b)所示。

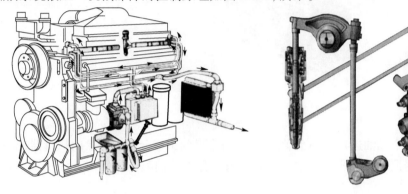

a)QSK19燃油系统的布置与组成　　　　b)QSK19燃油系统的控制原理

图 2-10　QSK19 柴油机燃油系统

1)燃油滤清器

来自燃油箱的燃油流至双滤清器座,燃油滤清器具有油水分离器和 $10\mu m$ 的滤芯。

2)燃油泵部件

来自滤清器的燃油直接流至齿轮泵的进口,这种燃油泵是目前的 PT 型燃油泵系列的一种,齿轮泵产生该系统所需的燃油流量和压力,燃油进口位于齿轮泵壳体的一侧,如图 2-11 所示。

燃油自齿轮泵出口流经滤网,然后流至燃油泵出口和调速器总成,滤网的作用是防止来自油泵的任何碎屑进入执行器。调速器总成调节齿轮泵输出,提供不同的流量和压力以适应发动机的转速。

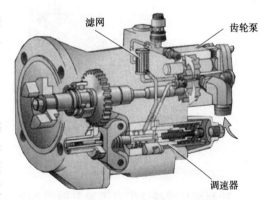

图 2-11　PT 燃油泵

调速器总成将所有过多的燃油经止回阀排出或溢流至齿轮泵进口,止回阀维持燃油泵壳内的燃油压力。从齿轮泵流出的已调整的油流流至 PT 泵出口,在出口处有一个止回阀,以防止发动机停止运行时燃油发生倒流。这种 PT 燃油泵未带节流或 AFC(空气/燃油比控制)功能,它在发动机的整个转速范围内具有极好的压力特性。

(1)控制阀总成。QSK19 燃油系统的核心部分是控制阀总成。燃油泵产生的燃油输送至控制阀总成,该控制阀总成由一个切断电磁阀、两个燃油执行器阀和两个燃油压力传感器组成。ECM 安装在总成壳体的前部,如图 2-12 所示。

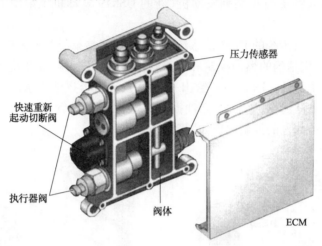

图 2-12　控制阀总成

控制阀总成有一个燃油进口和两个燃油出口,每个燃油出口分别由各自的执行器控制。燃油油道执行器控制燃烧所需燃油。正时油道执行器控制喷油器正时控制所需燃油,如图 2-13 所示。

该 PT 燃油系统通过电子方式调整执行器的燃油流通面积来控制燃油压力(图 2-14),而传统的 PT 系统完全是机械式的并依靠机械方法调整燃油流通面积来控制燃油压力[图 2-15b)]。

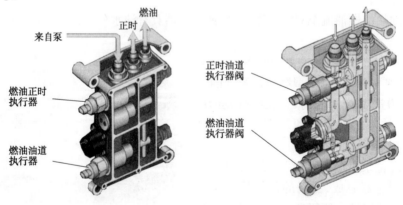

图 2-13　燃油执行器　　　　图 2-14　燃油压力的控制

控制阀总成接受来自燃油泵的燃油流。在控制阀总成内部,燃油流分开供给两个控制系统。维持燃油油道压力的控制系统由快速重新起动燃油切断阀、燃油油道执行器和燃油油道压力传感器组成。燃油首先流经快速重新起动燃油切断阀,然后流向燃油油道执行器,如图 2-15a)所示。

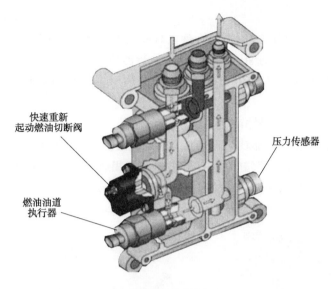

a) 控制阀内的燃烧流动

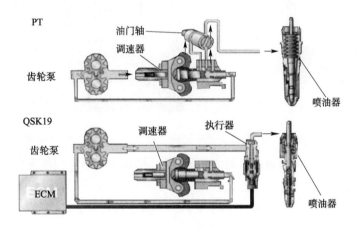

b) 油道压力的不同控制方式

图 2-15 燃油油道的压力控制

油道压力控制执行器是一个电子控制的滑柱式控制阀,线圈接受来自 ECM 的脉冲宽度调制(PWM)信号。根据来自 ECM 的信号,滑柱向左移动开启进油口,允许燃油流过,如图 2-16 所示。

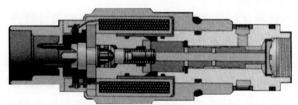

图 2-16 滑柱式控制阀

燃油油道压力传感器监测油道压力并将此信息传给 ECM,燃油油道执行器的最大流量为454kg/h。

(2) 正时控制系统。正时控制系统维持正时油道压力,它由正时油道执行器和正时油道压力传感器组成。正时油道的油压由正时油道执行器控制,执行器受ECM控制。正时油道压力传感器监测正时油道压力并将信息传回到ECM。正时油道执行器的最大流量为680kg/h,如图2-17所示。

来自控制阀体的燃油流经输油管道到达燃油歧管(图2-18)。有两根燃油歧管,前部歧管向第一至第三汽缸供油,后部歧管向第四至第六汽缸供油。每根歧管上有三个油道:正时油道、燃油油道和回油油道。汽缸盖上有与燃油歧管相通的油道。正时燃油和油道燃油流经汽缸盖达到喷油器,回油从喷油器经过汽缸盖流到燃油歧管。

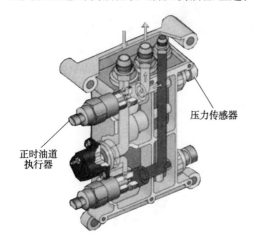

图2-17　正时油道压力控制

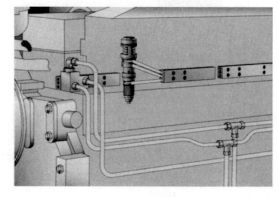

图2-18　燃油歧管

在实际应用中,如果燃油箱的位置高于发动机,可利用一个止回阀来防止燃油在发动机不运转时倒流至该系统。

(3) 燃油冷却器。燃油系统在工作中会产生大量的热,而适当的燃油温度对QSK19燃油系统的正常工作非常关键,因此,必须使用燃油冷却器。来自燃油歧管的回油流至冷却器上的节温器。在燃油温度较低时,节温器关闭,没有燃油流经冷却器。当燃油温度达到32℃时节温器开始开启,到40℃时节温器全部开启。此时,所有流回的燃油都流经冷却器。虽然燃油箱也可以散发燃油的热量,但用燃油冷却器可以保证可靠的温度控制。通常回油流量为7.6L/min,同时冷却器的阻力不大于34kPa,如图2-19所示。

3) QSK19燃油系统喷油器

QSK19燃油系统喷油器具有许多PT和CELEC喷油器的设计特点,具有高达241.3 MPa的喷油压力。

喷油器有三个分开的运动部分:①下部柱塞。②正时柱塞。③上部柱塞。

所有这些柱塞均镀以氮化钛以防止划伤磨损,并延长使用寿命,如图2-20所示。

QSK19喷油器的下部与传统PT喷油器非常相似,柱塞和喷嘴形状与传统PT类似。燃油供给、计量、回油和止回阀也与传统PT系统相似。一个重要的区别是下部柱塞套与喷嘴为整体式结构,这种设计消除了高压黏结,如图2-21所示。

喷油器的开式喷嘴设计提供了理想的喷油速率和喷雾形状,开始时的缓慢喷射使得在燃烧开始时比较缓慢,以降低燃烧噪声。喷射突然中止可消除二次喷射,降低碳氢化合物排放。每一次喷射循环中下部柱塞的行程为10mm。

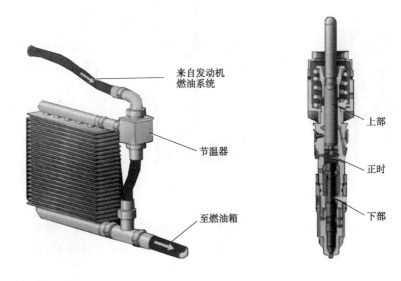

图 2-19　燃油冷却器　　　　图 2-20　QSK19 燃油系统喷油器

QSK19 燃油系统提供无级喷油正时。正时随着喷油器正时部分的控制油压的变化而变化。正时部分由平衡计量孔、正时柱塞和导流环组成,正时柱塞位于上部柱塞下部的柱塞套孔中,如图 2-22 所示。

喷油器上部包括柱塞套、弹簧座、复位弹簧、上部柱塞、顶部限位盖和柱塞连接杆,如图 2-23 所示。

(1)喷油器工作原理。当凸轮随动件位于外基圆上时开始喷油循环。所有三个柱塞彼此互相接触,当凸轮轴转动时,随动件向内基圆滚动,导致三个柱塞回缩。当下部柱塞回缩到足够远时,露出油道供油口,燃油根据 PT(压力—时间)规律计量通过小孔进入油杯,如图 2-24 所示。

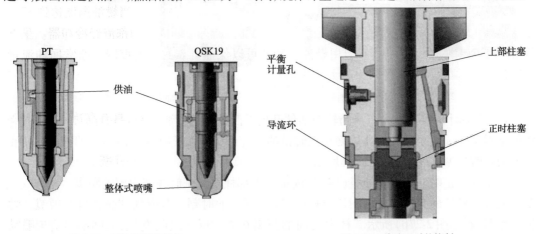

图 2-21　喷油器下部结构　　　　图 2-22　喷油正时的控制

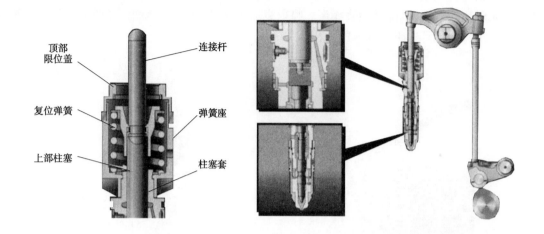

图 2-23　喷油器上部结构　　　　图 2-24　喷油器的工作原理

根据 PT 原理得知"P"是油道压力;"T"是供油口露出时间,取决于发动机的转速。

(2)正时和油道计量。油道压力由电子控制并能高达 0.2MPa 或低至 14kPa。当弹簧座圈接触边缘时下部柱塞处于完全回缩位置,如图 2-25 所示。

凸轮随动件继续向内基圆滚动,使正时柱塞和上部柱塞继续向上运动,当上部柱塞回缩足够远时,露出正时供油孔,燃油也按 PT 规律计量并经计量孔进入正时油腔,如图 2-26 所示。

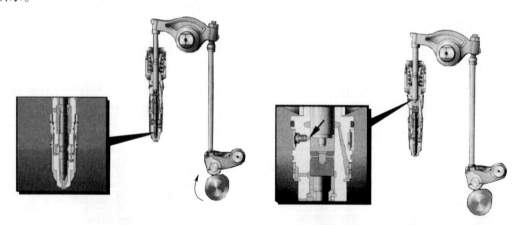

图 2-25　燃油按 PT 计量进入油杯　　　　图 2-26　燃油按 PT 计量进入正时油腔

(3)正时计量供油终止。当凸轮随动件开始沿凸轮轴的喷油斜面向上运动时,上部柱塞将向下运动并关闭正时供油孔以终止正时供油。经计量进入正时油腔内的燃油密闭在上部柱塞与正时柱塞之间,如图 2-27a)所示。

计量进入正时油腔的燃油量(容积)确定了上部柱塞与正时柱塞之间的距离。距离又确定了喷油器柱塞的有效长度,此长度确定了喷油开始的时刻。改变柱塞总长度就改变了喷油开始时刻,如图 2-27b)所示。柱塞之间的距离在 2~9mm 之间变化,此间隔量有时称为"超行程"。

密闭的燃油固定了连接并且随三个柱塞一起向下运动,当下部柱塞运动时,油道供油孔也是关闭的。正时柱塞和上部柱塞直径都为15mm而下部柱塞直径为11mm,这个直径差则使正时油腔内的油压比喷油压力约低50%。因此,如果正时油腔内的燃油压力为86.2MPa,则油杯内的油压可能高达172.4MPa。这种比例使得喷油器传动系统工作在最小的应力和磨损条件下,仍能产生极高的喷油压力。

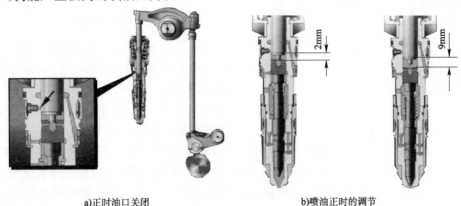

a)正时油口关闭　　b)喷油正时的调节

图2-27　喷油正时的控制

(4)喷油开始。当随动件继续沿凸轮轴的喷油斜面向上运动时,柱塞的下行速度将加快,当油杯内的压力超过汽缸内的压力时,喷油开始。

(5)喷油终了。当下部柱塞接触喷嘴座时,喷油终了。大约在此同时,正时柱塞上的沟槽与柱塞套上的沟槽对准,使回油口开启。当上部柱塞继续其行程时正时燃油开始溢出,如图2-28所示。

在溢油过程中,正时柱塞上油道限制了正时油腔内的油压的降低速度,以保持一定负荷作用在下部柱塞上。在此阶段,上部柱塞下端和正时柱塞间顶端之间不会产生机械接触。一个溢油环固定在溢油口上,因为正时燃油在压力下从油腔内溢出。溢油环的作用是充当导流环,防止连续排出的高压燃油损坏汽缸盖内的喷油器孔。在上部柱塞的最后5mm行程期间,上部柱塞底部的尖端与正时柱塞油道相接合。两部件之间的间隙对油道中的燃油产生附加的流动阻力。在正时燃油停止溢流时,这种附加阻力保持下部柱塞上有一定的压力,如图2-29所示。这种特性保证了下部柱塞在从凸轮斜面向凸轮轴凸轮尖过渡的过程中不会向上移动。

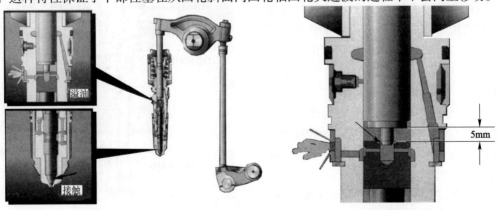

图2-28　喷油终止　　图2-29　喷油器的传动

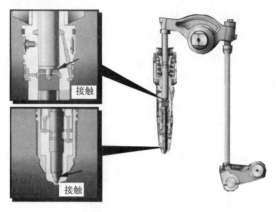

图 2-30　喷油器的密封

(6) 机械挤压。当所有的正时燃油从正时油腔中溢出后，柱塞之间将产生机械接触。喷油器传动系统向下的行程将在下部柱塞上保持机械挤压状态。这样在缸内燃烧期间确保柱塞在喷嘴中保持密封，如图 2-30 所示。

5　电控泵喷嘴燃油系统

早在 1905 年，柴油机的创始人 Rudolf Diesel 就提出了泵喷嘴的概念，设想将喷油泵和喷嘴合成一体，省去高压油管，以获得高喷射压力。20 世纪 50 年代，阶楔控制泵喷嘴系统的柴油机就已经应用在轮船和货车上。之后，大众（Volkswagen）和博世（Bosch）公司合作研制出适用于轿车的电子阀控制泵喷嘴系统。该系统具有高达 205MPa 的喷射压力与精确控制的喷油时刻，所以泵喷嘴系统与分配式喷射系统相比，具有噪声低、油耗低、排放清洁和效率高等优点。电控泵喷嘴系统是在传统的 PT 燃油系统的基础上发展而来。

1) 泵喷嘴结构和工作原理

电控泵喷嘴，就是把单体燃油泵、控制单元与喷油器组合在一起，省去了高压油管的燃油系统。由于没有了高压油管，就没有了高压油管内的压力波动与高压油管的弹性等因素引起的对燃油喷射的影响，而且易于获得高喷射压力。同时还取消了机械式泵喷嘴上用于控制喷油量的螺旋槽，而用高速电磁阀来控制喷油正时和喷油量，因此也属于时间控制式系统。泵喷嘴系统与分配式喷射系统一样，能产生燃油喷射所需的压力以及在设定的时刻喷入适量的燃油。

2) 宝来轿车 TDI 系统电控泵喷嘴

一汽大众宝来轿车 TDI 发动机电控泵喷嘴的结构如图 2-31 所示。泵喷嘴的上部为泵活塞与活塞复位弹簧，泵活塞由一个喷射凸轮通过一个滚轮式摇臂驱动向下运动并在复位弹簧的作用下回位。中部有一个常开型电磁阀，在泵活塞上移时电磁阀允许燃油从供油道通过该阀进入高压油腔，电磁阀由电子控制单元控制。泵喷嘴下部为喷油嘴针阀和阀座。针阀上部有一个倒工字型的缓冲塞，缓冲塞上面是喷嘴弹簧，喷嘴弹簧上面为收缩活塞。平时喷嘴弹簧通过

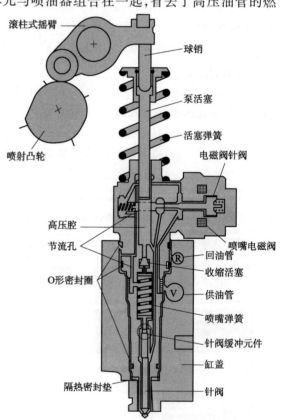

图 2-31　一汽大众宝来轿车 TDI 电控泵喷嘴

针阀缓冲元件把针阀向下压紧在阀座上,这个预紧力设定针阀可以在油压达到 18MPa 时使针阀升起喷油;针阀弹簧同时把收缩活塞向上顶,切断与上部高压油腔的燃油通路。高压油腔还有一条油道与针阀中部凸缘处的油腔相连。泵喷嘴中部有两道 O 形密封圈,这两道密封圈与缸盖和泵喷嘴体围成的空腔,构成一个回油通道,与缸盖中的回油道相通。

在泵活塞下移初期,燃油通过进油通道流回供油管,一旦电子控制单元给电磁阀通电,电磁阀即切断进油油道,密封高压油腔,随着活塞下移,高压油腔压力升高。由于油压作用在针阀凸缘上的有效面积大于作用在收缩活塞顶部的有效面积,所以当高压油腔的压力达到 18MPa 时,针阀升起,开始喷油。注意到针阀升起时,必须把针阀上部,包括缓冲塞周围空腔中的燃油通过喷嘴壳体的内孔排入喷嘴弹簧室,再经排油道排出。在针阀升起的前 1/3 行程时,针阀的打开没有阻尼,而在针阀升起的后期,由于缓冲塞靠近喷嘴壳体内孔,针阀上部的燃油只能通过较小的泄油间隙排入喷嘴弹簧室,从而起到一种液力阻尼的作用,避免了针阀与阀体之间的剧烈碰击。

在针阀打开喷油后,由于高压油腔的压力继续升高而推动收缩活塞下移,收缩活塞的下移使高压油腔的容积一下有了一定的扩大,燃油压力瞬间下降,使针阀落座,结束第一次喷油,即预喷射过程。在预喷射过程中,由于时间很短,只有少量燃油被喷入汽缸。而收缩活塞的下移压缩了喷嘴弹簧,增大了作用在针阀上压力,这样就需要更高的燃油压力方可再次打开针阀。

在喷嘴针阀关闭后,高压腔内的压力立即再次上升,泵活塞继续下移,当高压油腔的压力升高到约 30MPa 时,喷嘴针阀再次升起,开始第二次,即主喷射过程。主喷射过程持续到喷入柴油机当前工况所需的适量燃油后,喷嘴电磁阀打开,高压油腔内的燃油迅速流回供油管道,压力迅速下降,针阀落座,切断燃油喷射。

当喷射凸轮转动到其平滑下降面与摇臂接触时,泵活塞在复位弹簧的作用下平稳地向上移动,允许燃油流入高压腔,继续下一个工作循环。在此循环过程中,针阀导向柱面泄漏的燃油向上经喷嘴弹簧腔和回油通道、回油管流出,同时带走针阀的热量;泵活塞处泄漏的燃油则向下经回油通道进入回油管;回油通道中的节流孔则可以让从来自供油管道的燃油中含有的空气泡通过节流孔排出。

由于在预喷射中喷入了少量的燃油,这部分燃油在汽缸内先着火燃烧,使得主喷射期喷入汽缸的燃油刚喷入汽缸即被点燃,这样汽缸内的压力平缓地上升。而传统柴油机的燃油在喷入汽缸到着火燃烧这个滞燃期中,因较多燃油一起着火燃烧,使得缸内压力急剧升高并伴有激烈振荡,产生燃烧敲击,即柴油机敲缸声。在有燃油预喷射,或称之为先导喷射的情况下,少量提前喷入汽缸的燃油先行着火燃烧,在上止点附近主喷射期喷入的燃油就会一边喷入,一边着火燃烧,这样缸内压力的变化就较平缓,因而降低了柴油机特有的燃烧敲击声。而且主喷射过程中燃油喷射压力可高达 205MPa,使得混合气品质改善,进而改善了燃烧和排放,使柴油机效率提高。

美国 Detroit(底特律)公司开发的 DDEC 电控泵喷嘴系统,Bosch(博世)公司的电控泵喷嘴系统,英国 Lucas(卢卡斯)公司的 EUI 电控泵喷嘴等,这些泵喷嘴的机械结构要比 Volkswagon(大众)的泵喷嘴的机械结构来得简单,它们并不依靠复杂的机械结构来获得所希望的预喷射和主喷射,而是靠高速电磁阀的控制来实现预喷射和主喷射。

上述这些时间控制式的燃油系统都属于第二代的燃油喷射系统,这些燃油喷射系统具有下述缺点：

（1）仍然依赖于传统的脉动高压系统，使得高压喷射的区间受到凸轮型线的限制，无法实现大范围的喷射定时控制。

（2）喷射压力的大小只和凸轮型线以及发动机转速等结构参数有关，不能根据发动机的工况灵活调节。

（3）无法实现灵活的预喷射和多次喷射。

6 高压共轨燃油系统

1）高压共轨燃油系统的组成与工作

高压共轨燃油系统属第三代燃油系统。在高压共轨燃油系统中，其低压供油油路与其他电控柴油机基本相同；与传统柴油机的低压供油油路相比，也就是多了燃油中含水传感器、燃油加热器、燃油温度传感器等部件。

电控高压共轨燃油系统主要部件及其工作原理如图 2-32 所示。

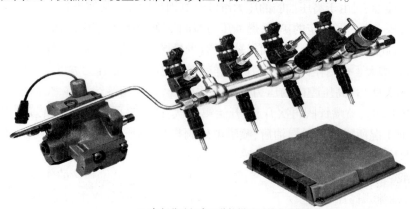

a）二气门柴油机高压共轨燃油系统主要部件

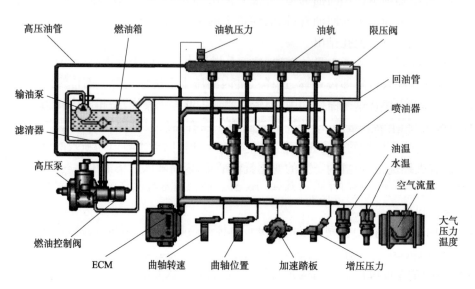

b）高压共轨燃油喷射系统工作原理

图 2-32　电控高压共轨燃油系统主要部件及工作原理

在高压共轨燃油系统中,常见的燃油泵(高压油泵)有径向柱塞式和直列柱塞式两种,其机械结构与传统柴油机的燃油泵基本相似。

(1)燃油泵。

①径向柱塞式燃油泵。有多家公司在高压共轨燃油系统中采用径向柱塞式燃油泵,下面以 Bosch 公司的 CP3 型径向柱塞泵为例[图2-33a)],介绍其工作原理。

燃油泵的作用只是为了提供适当流量的高压燃油,与供油正时无关,故安装时不需要对正时。它采用三个径向布置的柱塞泵油元件,相互错开 120°,由偏心凸轮驱动,出油量大,受载均匀,能提供高达 160~180MPa 的喷油压力(此压力还在不断提高)。设在燃油泵端部的齿轮式输油泵由同一根轴驱动。

经过滤清的燃油在高压油泵内先经过一个回油溢流阀[图2-33b)],该阀提供一股稳定的燃油流来润滑和冷却油泵内部的运动部件,当燃油流量增加时,柱塞升起,提供额外的通道来提供更多的燃油润滑高压油泵;当燃油流量继续增加时,柱塞继续升起,打开下部出口,让多余的燃油经内部油道流回齿轮式输油泵入口。进入高压油泵柱塞腔的燃油则由一个电子燃油控制执行器 EFC 控制。泵轴旋转时,一个偏心凸轮轴转子推动柱塞往复运动,柱塞向中心运动时,进油止回阀开启,燃油进入柱塞腔;柱塞向外运动时,进油阀关闭,柱塞腔内的燃油被加压,在压力克服了出油阀上的作用力后,高压燃油进入高压油腔,与来自其他柱塞腔的高压燃油汇合通过一根高压油管进入油轨,如此循环往复。电子燃油控制执行器 EFC 由发动机的电子控制模块 ECM 控制,ECM 根据油轨压力、发动机转速和负荷等信息控制进入柱塞腔的燃油量来优化燃油泵消耗的动力。

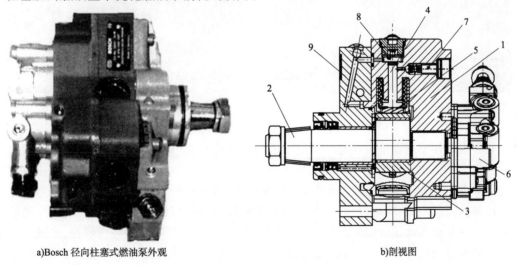

a)Bosch 径向柱塞式燃油泵外观　　　　　　b)剖视图

图2-33　Bosch 径向柱塞式燃油泵
1-泵体;2-偏心轴;3-多边形环;4-柱塞;5-挺杆;6-齿轮输油泵;7-高压出油阀;8-进油阀;9-法兰

电子燃油控制执行器 EFC 是一个常开型滑阀(图2-34),当断电时,阀的开度最大。ECM 通过脉冲宽度调制(PWM)信号对其进行控制,调节进入燃油泵柱塞腔的燃油量。

燃油泵的工作压力随不同的发动机可能有所不同,如康明斯 ISBe 柴油机,采用 Bosch 高压共轨燃油系统,其工作压力范围为 30~140MPa,在油轨内压力超过 165MPa 时安装在油轨上的减压阀就会打开而释放多余的燃油;而近年东风康明斯生产的 ISDe 柴油机,燃油系统的工作压力范围为 25～160MPa。当油轨内压力超过 180MPa 时,油轨上的减压阀会打开。据介绍,Bosch 公司还在开发工作压力更高的燃油系统。

a)电子燃油控制执行器位置　　　　　　　b)电子燃油控制阀

图 2-34　电子燃油控制执行器 EFC

②直列柱塞式燃油泵。也有多家公司采用了直列柱塞式燃油泵,下面以康明斯公司在其 ISC/ISL 发动机使用的燃油泵为例,介绍其工作原理,如图 2-35 所示。

a)康明斯ISC/ISL直列柱塞式燃油泵外形　　　　　　　b)直列柱塞式高压油泵透视图

图 2-35　康明斯 ISC/ISL 直列柱塞式燃油泵

此种直列柱塞式燃油泵也有一个电子燃油控制执行器(阀),输油泵输出的燃油经过滤清后首先进入该执行器壳体。此处油道中有一个小孔与回油管道相通,燃油中可能存在的空气会与少量燃油一起通过这个小孔排出,进入回油管路,避免了空气进入高压油泵。电子燃油控制执行器由 ECM 通过脉冲宽度调制(PWM)信号控制,执行器控制进入高压油腔的燃油量。控制进入高压油腔的燃油量,可以避免输出超过实际需要的高压燃油,也就避免了不必要的能量消耗,提高发动机的经济性。同上所述,这个执行器是一个常开式滑阀,电流增加时减少通过的燃油流量,从而可以降低油轨压力。在燃油泵中,燃油在两个由凸轮驱动的柱塞腔内被压缩,产生燃油喷射所需的高压。泵头上各有两个进油止回阀和出油止回阀,进油止回阀和出油止回阀的作用是建立并保持燃油油轨的压力。进油止回阀允许从执行器来的燃油进入泵腔,而出油止回阀允许高压燃油流出泵腔,经高压油管流向燃油油轨,而不会流回泵腔。如果这两个泵油单元中的任何一个发生故障,就会造成压力失衡,并可能造成油轨压力不足。此时,ECM 可检测到这种故障并记录一个故障码。柱塞套与柱塞之间泄漏的燃油,汇集到泵头的油道,并被导流到放气回路中,最后流回油箱。

这种燃油泵的凸轮轴和挺柱的机械结构,与传统直列柱塞式燃油泵的结构相似[图2-35b)],柱塞采用了陶瓷材料,提高了工作寿命。燃油通过进油止回阀和出油止回阀进出泵室,省去了传统油泵的油量调节机构,柱塞上也省去了控制油量的螺旋槽。

(2)油轨。

油轨为一根经激光焊接制成的锻钢管,其作用是存储高压燃油,降低高压油腔中的压力波动。油轨内部空腔的大小经过了精心选择,兼顾了抑制油轨内的压力波动和起动响应的要求,其结构如图2-36a)所示。各缸的喷油器分别通过高压油管与油轨相连,即油轨为公用,该燃油系统因此而得名共轨系统。在发动机工作时,高压燃油时刻作用在各喷油器上。

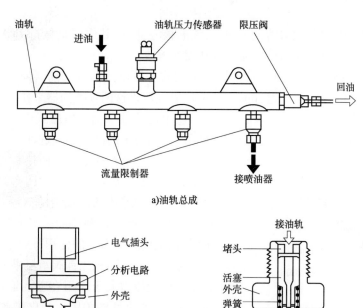

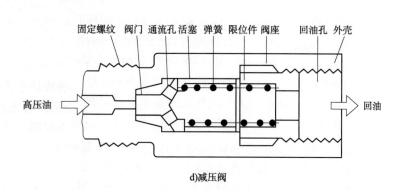

图2-36 油轨与附件

油轨上除了减压阀(或称限压阀)外,还有油轨压力传感器[图 2-36b)],ECM 通过此传感器来监测油轨压力,并对电子燃油控制执行器进行控制。而减压阀[图 2-36d)]则在油轨压力超过设定值时开启,让过多的燃油与喷油器和燃油泵的回油汇合后流回油箱。

油轨上可安装液流缓冲器(流量限制器)[图 2-36c)],该装置可在喷油器或高压油管出现燃油漏泄故障时切断向喷油器的供油来提高车辆的安全性。流量限制器活塞在静止时,由于受弹簧的作用力,总是靠在堵头一端。在一次喷油后,喷油器端压力下降,活塞在油轨压力作用下向喷油器端移动,但并不关闭密封座面。只有在喷油器出现持续喷油或高压油管漏油,导致活塞下移量变大的时候才封闭通往喷油器的通道,切断供油。

(3)喷油器。

电控喷油器是高压共轨柴油喷射系统的核心部件,其作用是执行 ECM 发出的喷油指令,准确控制向汽缸喷油的时间、喷油量和喷油规律。

Bosch 高压共轨燃油系统的喷油器有电磁式和压电式两种。前者属 Bosch 的第二代产品,后者属第三代产品;据报道,Bosch 目前同时在改进这两种喷油器来作为其第四代产品。

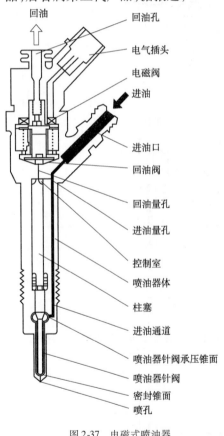

图 2-37 电磁式喷油器

①电磁式喷油器。电磁式电控喷油器如图 2-37 所示。从油轨来的高压油经进油口进入喷油器内,有一部分高压油从进油量孔流向控制室,并作用在柱塞上部,压向喷油器针阀,使其关闭密封锥面;另一部分高压油经喷油器体的斜油道进入喷油器针阀承压锥面,力图向上顶开针阀喷油。当 ECM 没给电磁阀通电时,回油阀在弹簧力的作用下处于关闭状态。由于柱塞上部的受压面积比针阀承压锥面大,使得作用在柱塞上的液压力大于作用在喷油器针阀承压锥面的向上分力,所以针阀关闭。当电磁阀通电时,回油阀受电磁力作用打开,控制室与回油孔连通,使柱塞上方的液压力小于喷油器针阀承压锥面的向上分力,使针阀升起,喷油器喷油。喷油量的大小取决于喷油嘴开启的持续时间(决定于 ECM 输出脉宽)、喷油压力与针阀升程等。

②压电式喷油器。高压共轨燃油系统自 1996 年问世以来,已经有德国 Bosch 公司、日本 DENSO 公司、美国 DELPHI 公司等多家厂商开发出各种不同种类的高压共轨燃油系统,并广泛应用于各种柴油机上。这些系统基本上都采用了高速电磁开关阀控制的喷油器。

由于这种高速电磁开关阀固有的电感效应,使其响应速度、控制精度等都已不能很好满足喷油特性的进一步的需要。为了满足排放法规进一步的要求,高压共轨燃油系统的喷射压力正在从 120~180MPa 向更高的水平发展。高压喷射在改善排放的同时,由于其燃烧急速而使汽缸燃烧压力急剧上升,发动机噪声和振动急剧增大。这种噪声和振动对于车用柴油机,尤其轿车柴油机是不可容忍的。为此,必须在燃油的主喷射之前,有适当的、多次的预喷射,以此来控制预燃速度,减缓汽缸内燃烧压力上升速率。为了有效地减少炭烟微粒的排放,在主喷射之后,还需要有适当、多次后喷射。这些喷射特性要求喷油系统必须有更高响应速度,更精确的控制精度。为此,Siemens公司、Bosch公司等相继开发了采用压电晶体驱动的新一代高压共轨燃油系统,其核心是采用压电晶体驱动的高速开关阀,取代高速电磁开关阀驱动电控喷油器,实现了精确控制的多次预喷射和后喷射,使高压共轨喷油系统的特性有了明显的改善。

采用压电晶体驱动器的新一代高压共轨电控喷油系统,除了喷油器外,其余部件基本与采用高速电磁阀控制的高压共轨系统相同(图2-38)。因此在这里仅介绍该种喷油器,其余部分不再赘述。

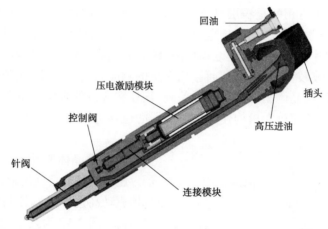

图2-38 压电式喷油器

A. 压电效应及其特性。当晶体在外力作用下变形时,在它的某些相应的晶面上会产生异性电荷。这种没有电场作用,只是由于变形而产生的极化现象,称为正压电效应。反之,若在这类晶体上施加电场时,不仅产生极化,同时还产生了应变或应力,这就是逆压电效应,也称为电致伸缩效应。正压电效应和逆压电效应统称为压电效应,此类晶体称为压电类晶体。压电式传感器大都是利用压电材料的正压电效应制成的,而压电驱动式高速开关阀则是利用压电材料的逆压电效应原理制成。

压电材料包括压电单晶材料、压电多晶材料(压电陶瓷)、有机压电材料。目前压电驱动式高速开关阀中用的材料,一般是各类压电陶瓷和压电单晶材料中的石英晶体。石英晶体是单晶体中具有代表性同时也是应用最广泛的一种压电晶体,它没有热释电效应,突出的优点是性能稳定,介电常数和压电常数的温度稳定性特别好。天然石英晶体与人工石英晶体相比,其稳定性更为突出,但石英晶体压电常数较小。压电陶瓷是一种多晶铁电体,目前应用比较广泛的是锆钛酸铅系列压电陶瓷(PZT),它有较高的压电常数和居里点(300℃),工作温度可达250℃,各项机电参数随温度和时间等外界因素变化很小,其性能远优于钛酸钡压电陶瓷。由于压电陶瓷属于铁电晶体,因此其压电性与热释电性是并存的,导致在使用中产生非常讨厌的热电噪声。

高速开关阀中采用压电驱动器具有以下优点:

a. 位移控制精度高，可达 $0.01\mu m$。

b. 响应快，阀芯开、关时间为 $10\sim30\mu s$。

c. 有较大的输出力，约 $3.9kN/cm^2$。

d. 功耗低，比电磁式驱动器低一个数量级，并且当被驱动物保持一定位置时，其间几乎无功耗。

e. 由于是一种固体器件，易与电源、传感器、微机等实现闭环控制。

采用压电驱动器构成高速开关阀，可以明显改善性能，正是这些优点，驱使许多厂商开发利用压电晶体驱动的新一代高压共轨燃油系统。但是压电晶体的应变很小，为 10^{-3} 左右，如果直接利用一个高为 $20mm$ 的压电晶体，其变形仅为 $20\mu m$，此数值用来直接驱动高速开关阀的阀芯，则其位移太小，而且所需驱动电压也很高，因此一般要对压电晶体的输出位移进行放大。目前常用的是积层型压电晶体堆，即采用多层厚度方向伸缩变形的压电片在力学上串联、电学上并联构成压电堆。压电堆的输出位移即为各压电片的输出位移之和。而压电晶体片在电学上是纯电容负载，级联后电容成倍增加。若级联过多，势必增加充、放电时间，形成较大的迟滞，从而影响系统的响应时间。因此，在柴油机电控喷油系统中，实际应用的压电晶体驱动的高速开关阀，往往在合适的多层压电薄片叠加形成压电堆的基础上，再利用液压放大机构使压电驱动器的位移进一步放大，以满足高速开关阀流量的需要。

B. 压电晶体驱动的高压共轨电控喷油器。压电式喷油器确切地说，应是采用压电晶体驱动高速开关阀控制的高压共轨电控喷油器。图2-39为其结构示意图。其工作原理如下：高压燃油从油轨进入喷油器后分为两路：一路由油道进入喷油器储油腔，作用在针阀锥面上的油压形成方向向上的推力；另一路则通过节流孔进入活塞顶的油腔，作用在活塞顶部的油压形成方向向下的压力。当压电晶体堆不通电时，止回阀关闭，而由于活塞面积大于针阀的截面积，故向下的压力大于向上的推力，因此喷油嘴针阀关闭，喷油器不喷油。当压电晶体堆通电后，压电晶体伸长，推动大活塞，压缩上部油腔中的燃油，再推动小活塞。由于这一对大、小活塞的面积比大于1，因此小活塞位移被放大，而小活塞位移把止回阀中的钢球推离锥面，形成了具有一定过流断面的流道，从而使下部油腔中的高压燃油经过通道、下部止回阀及通道回到油箱。活塞杆上部卸压，针阀在储油腔中的燃油压力作用下，克

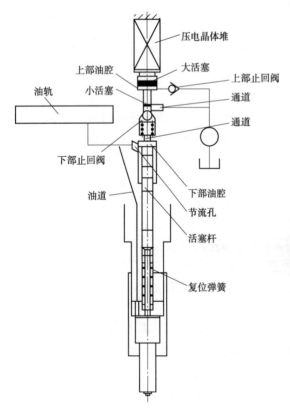

图2-39 压电晶体驱动的高压共轨电控喷油器结构示意

服弹簧的压力向上运动,从而打开喷油嘴,把燃油喷出。若压电晶体堆断电,大活塞与小活塞向上移动,下部止回阀落座,下部油腔中的燃油压力升高,推动活塞杆向下运动,关闭喷油嘴。由图可见,在喷油器上部还有一个止回阀,设置这个上部止回阀是为了补充油腔 1 中泄漏的燃油,以保证喷油器可靠工作。

C. 压电晶体驱动喷油器的优点。对比高速电磁阀控制的喷油器,压电晶体驱动的喷油器最明显的优点是响应速度快,因此其最小喷油量小,可小于 $1.5 mm^3$;预喷射与主喷射之间时间间隔可小于 $100 \mu s$;喷油速率可以更加灵活可调;各缸喷油量与喷射始点的漂移很小,重复精度非常高。

由于高压共轨系统正常工作时的喷射压力非常高,所以柴油机在运转中不得松开高压油管接头或用手指去触摸查找接头有无泄漏,而应该用一片白纸置于油管接头附近来查找泄漏(图 2-40)。

图 2-40 高压燃油系统泄漏的检查

③连接管。电控柴油机因其气门数的不同(每缸 2 气门或 4 气门),其喷油器的布置也有所不同。2 气门电控柴油机喷油器的布置与传统柴油机相同,高压油管分别连接油轨与各缸的喷油器;4 气门发动机喷油器布置在汽缸中心线上,高压燃油必须借助一根连接管输送到喷油器[图 2-41a]。连接管头部腔内设有一个颗粒粉碎器(Edge Filter)[图 2-41b],其作用是粉碎燃油中还可能存在的较大颗粒物,以免引起喷油器故障。连接管上有一个定位凸缘,安装位置为 12 点钟方向,以免紧固时转动而破坏密封。需要强调的是喷油器和燃油连接管的安装必须严格按照规范步骤执行,紧固力矩不可过大,否则反而会引起燃油泄漏而引发故障。更换喷油器时必须同时更换连接管。由于多了连接管,也就多了连接管与喷油器之间泄漏的可能。

颗粒粉碎器

a)四气门柴油机喷油器和高压连接管布置　　b)燃油连接管内的颗粒粉碎器

图 2-41 四气门柴油机喷油器与高压连接管

2)高压共轨燃油系统的控制

高压共轨燃油系统不仅可实现喷油量、喷油定时的精确控制与调节,还可实现喷油压力和喷油规律的精确调节和灵活控制,是当今和未来柴油机燃油系统的发展方向。

(1)喷油压力的控制。

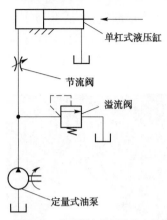

图 2-42 溢流阀在液压系统中的连接

在一般液压传动与控制系统中,对于定量泵系统,均采用溢流阀来调节泵的输出压力。如图 2-42 所示。

在这种系统中,油泵和溢流阀并联,油泵的输出流量是不变的,进入执行机构的油液流量的变化,通过溢流阀的调节作用,释放多余的油液,实现系统压力的稳定。在高压共轨燃油系统中,高压油泵在曲轴的驱动下,其输出流量随着发动机转速的变化而变化,而且由于发动机转速范围变化较大,因此高压油泵的输出流量也会大幅度变化。此外,发动机的负荷也会剧烈变化。如果高压泵按最大喷油量的需求设计,则发动机在低速运动或部分负荷工况下工作时,高压油泵输出的高压燃油必然有一部分是多余的,这部分多余的高压燃油只能通过溢流阀泄走,而这些燃油是有能量的,所携带的能量可用下式表示:

$$P = pq_v$$

式中:P——高压油泵的功率;

p——高压油泵的压力;

q_v——高压油泵的流量。

因此,经溢流阀释放高压油液必然引起功率损失,这样就降低了发动机的经济性。而且这些经溢流阀释放的燃油通常直接流回油箱,其所携带的能量全部变成了热,使油液温度升高。为此,在高压共轨燃油系统中,通常采用如下措施来调节喷油压力。

①可变排量。可变排量就是根据发动机转速和负荷的变化,调节高压油泵的排量,即调节一个循环周期内输出液体的体积,从而实现对喷油压力的调节。

日本电装公司的 ECD-U2 共轨燃油系统就是采用这种方法。当供油柱塞下行时,装在油泵顶端的供油量控制阀开启,低压燃油经控制阀流入柱塞腔。当柱塞上行,但控制阀尚未通电时,控制阀仍处于开启状态,吸进的燃油又经控制阀流回到低压腔;根据需要的排量,ECM 向控制阀通电,使控制阀关闭回油通道,则柱塞内燃油被压缩而升压,然后经出油(止回阀)阀进入油轨。显然,控制阀关闭回油道后柱塞剩余的行程与供油量对应。改变控制阀的关闭时刻,则改变了柱塞的供油行程,也就改变了柱塞的供油量,从而实现了油轨压力的控制与调节。因此,这种调节无能量损失,系统效率较高。其中供油量控制阀,又称压力控制阀(PCV),是一个二位二通的常开式高速电磁开关阀,控制此阀的关闭时刻与关闭时间的长短,就实现了高压油泵单个柱塞、单个行程的供油量大小的调节。因此,控制与调节此电磁阀,是喷油压力调节的关键技术。

燃油的高压喷射一方面可以改善柴油机燃烧,从而提高柴油机指示热效率,但另一方面,建立较高的燃油喷射压力,也会增大柴油机曲轴输出功率的消耗。因此,柴油机最佳喷油压力的设立,要兼顾柴油机的动力性、经济性和排放特性,根据柴油机的不同工况进行优化。最佳喷油压力(目标喷油压力)应是柴油机转速和转矩的二元函数,并应对进气压力、进气温度和冷却液温度进行补偿。

在柴油机起动及怠速阶段,由于燃油泵转速低,一方面信号检测有较大的时间延迟,另一方面却需要迅速建立油轨压力,需要采用较早的 PCV 阀关闭始点,控制软件对这一阶段的 PCV 阀采用开环控制,以设定频率开启和关闭该阀,在 1s 内即可获得 25MPa 的油轨压力。随着发动机转速升高或油轨压力升高,ECM 对 PCV 阀的控制将自动转入闭环模式。在油轨压力和柴油机转速都较低时,控制过程又自动切换到开环控制模式。

这种变排量的燃油喷射压力调节技术,从理论上讲无须溢流阀,但是为了系统的安全,还是要设置一个直动型的溢流阀作为安全阀,确保在系统出现故障(如 PCV 阀故障或 ECM 故障)引起油轨压力超过规范允许时的安全。

② 进油节流调节技术。进油节流调节技术就是在高压油泵的燃油入口处安装一个节流阀,通过调节该阀流通截面的大小来调节油泵的进油量,从而实现对油泵输出油量的调节,达到对油轨压力的调节。这种调节技术结构简单,无溢流损失而且效率较高。英国 Lucas 公司的 LDCR(Lucas Diesel Common Rail)共轨燃油系统和德国 MTU 4000 系列的共轨燃油系统采用的就是这种调节技术。但 LDCR 系统除了采用进油节流调节技术外,还在油泵的出油口安装了一个电磁溢流阀。该电磁溢流阀一般情况下不打开溢油,仅在需要快速大幅度降低油轨压力时,才打开此溢流阀,实现对喷油压力的高速、大幅度调节与控制。

进油节流调节虽然无溢流能量损失,而且效率高,但由于在油泵的进油口进行节流,所以会造成泵柱塞腔内形成局部真空,出现气穴,影响泵的使用寿命。这种调节系统中所用的溢流阀,可以采用图 2-43 所示的电磁溢流阀。该阀中电磁铁衔铁驱动的阀杆下端处有一个钢球,衔铁上有一个弹簧。当电磁铁不通电时,只有弹簧作用力作用在钢球上,而油轨压力作用在钢球的下端,当燃油压力大于作用在衔铁上端的弹簧力时,钢球被顶开,释放系统油液,系统中压力降低。由于弹簧的刚度较小,仅能产生约 10MPa 的压力,如果要提高油轨压力,或燃油泵的出口压力,除了此弹簧提供的对钢球的作用力外,还可依靠电磁铁来对钢球施加作用力。因为电磁铁的吸力与其磁势 IN 成正比,其中 I 是电磁铁中的电流,N 是电磁铁的励磁线圈的匝数,改变电磁铁线圈的励磁电流,就可以改变电磁铁的作用力。但是,对于计算机控制而言,其只擅长处理数字信号,采用脉冲宽度调制(PWM)技术控制电磁铁激磁线圈电流 I,可控制电磁铁线圈磁势,就使电磁铁吸力得到改变,从而使球阀的开启压力大幅度提高,油轨压力也就大大提高了。

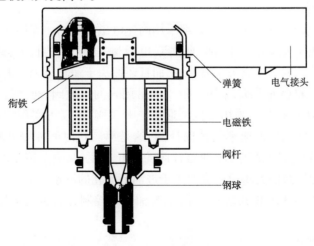

图 2-43 电磁溢流阀的结构

进油节流所用的节流阀可以是电磁比例节流阀,也可以用与上述电磁溢流阀相同调节机理的电磁节流阀。如图 2-44 所示,后者是通过电磁铁的电磁吸力与弹簧力的平衡位置的改变,实现节流阀阀口开度的调节。

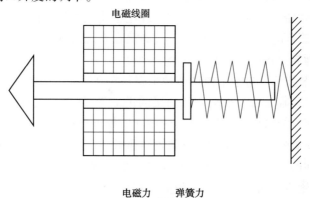

图 2-44　PWM 控制电磁阀开度

③停缸技术。停缸技术就是在油泵连续运转工作过程中,使多个柱塞的径向柱塞泵某一个或数个柱塞停止工作。为了减少向油轨输送燃油,可使某一柱塞的进油阀保持开启,使柱塞在进油行程从进油阀吸入的燃油在压缩行程中又通过进油阀流回低压油道,因此减少了油泵的流量,结果使油轨压力得到调节和控制,而且还减少了功率损失。

采用上述的停机技术,即某柱塞停止供油或进油节流调节技术,可以减少油泵的驱动转矩值,但随着油泵输出压力的上升和转速的下降,总效率明显降低。究其原因,一方面是充油引起的节流损失,另一方面是因泄漏引起泵的容积效率降低。

小功率柴油机的高压共轨燃油系统,常采用油泵—溢流阀的调压技术。这是由于其引起的功率损失不甚严重,燃油发热也不很严重,因此这种调节喷油压力的方法是可取的。这种系统最大的优点是结构简单、反应迅速、压力波动小,尤其采用直动式溢流阀,其动特性优于采用先导型的溢流阀。

(2)喷油量控制技术。

高压共轨燃油系统喷油量的控制大都采用高速电磁开关阀。与第二代时间控制式电控喷油系统一样,电磁阀关闭时刻即为喷油始点,电磁阀关闭时间的长短,即为喷油量的大小。但是,驱动电磁阀的脉宽不仅取决于喷油量,而且还取决于油轨压力的大小。

Bosch 公司的共轨燃油系统,采用二位二通常闭式的电磁阀,通过打开或关闭一个控制腔来实现对燃油的喷射控制。采用二位二通电磁开关阀,不仅可实现喷油量和喷油定时的精确柔性控制,还可实现喷油速率的精确控制,这是第二代时间控制式喷油系统所不具备的。因为在高压共轨燃油系统中,喷油器针阀的打开速度,取决于控制腔中进、出油节流孔之间的流量差,同样针阀的关闭速度也取决于进油节流孔的流量。

英国 Lucas 公司的 LDCR 共轨燃油系统,喷油量的控制方式也是采用上述的方法,在此就不再赘述。

(3)喷油率控制技术。

①喷油率的概念。对于喷油率,应从两个方面来理解其含义:一种含义是其概念本身,

就是指在喷油过程中,每秒(或每度曲轴转角)从喷油器喷出的燃油量,其单位是 mm^3/s 或 $mm^3/(°)CA$(CA 为曲轴转角);另一种含义是喷油率曲线的形状,是指喷油量对喷油时间(或喷油角度)的微分随时间(或曲轴转角)的变化关系,即喷射率的波形也就是喷油规律。这种含义对于控制燃烧过程是有积极的指导意义的。按喷油规律对燃烧过程的影响情况,喷油率曲线可分为三部分:

　　a. 喷油初期(即着火延迟期)。从喷油开始到着火燃烧。

　　b. 喷油中期。从着火燃烧到喷油压力升到最高值。

　　c. 喷油后期。从喷油压力最高值到喷油结束。

　②理想的喷油率形状。喷油率是柴油机燃烧的最重要参数之一。改善燃烧过程的关键技术之一,是通过控制喷油率来控制燃烧过程,以期使其达到理想化。直喷式柴油机要求较高的喷油率,但不同的目标对喷油率图形的要求是不一样的:

　　a. 希望输出功率大,则需提高喷油率。

　　b. 希望排放指标好,则要求初期喷油率低,后期喷油率高,喷油结束时迅速下降。

　　c. 希望燃油耗低,则要求适当的喷油延迟角结合高喷油率。

　　d. 希望降低噪声,则要初期喷油率低。

　若要求同时改善动力性、燃油经济性、污染物排放和噪声排放性能,理想的喷油率形状为:喷油初期的喷油率是决定预混合燃烧量的重要因素之一,为了降低 NO_x 和噪声,希望初始喷油率很低;喷油中期相当于扩散燃烧期,为了降低炭烟,希望喷油率急剧地加大,并且随着负荷和转速的增高,喷油率的丰满度必须增大,即从三角形向矩形过渡,以确保燃油和空气的充分混合;喷油后期是喷油压力降低期,由于此时燃油雾化不良而成为产生 PM(颗粒物)的因素之一,因此在喷油结束时,应快速回油以实现喷油压力的迅速下降,从而使喷油后期尽量缩短。更进一步为实现极低的 NO_x 和 PM 排放,在未来采用降低 NO_x(降氮氧化物)催化转换后处理装置时,需要将 HC 作为还原剂引到降低 NO_x 催化剂中,使其活化。这是通过在膨胀行程中进行补充喷油(后喷射),从而增加 HC 来实现的。

　根据以上分析,可以得到图 2-45 所示的所谓理想喷油率曲线,图中的后喷射技术应用尚不成熟。应该注意到,理想的喷油率曲线形状不是固定不变的,而应随柴油机转速和负荷的变化,相应调整成如图 2-46 所示的最佳形状。

　③喷油率模式。在理想喷油率曲线上(图 2-45),要实现的喷油率控制有三种模式:靴形喷射(即初期喷油率)控制、预喷射控制和后喷射控制。后喷射控制是结合未来可能采用降低 NO_x 催化转换后处理装置而使用的技术,单独使用没有意义,反而会恶化排放性能和燃油经济性。后喷射一般在主喷射后 90°~200°曲轴转角开始。后喷射油量约占主喷油率的 2%,一般为 1~2 mm^3/cyc(cyc 每循环)。

　靴形喷射控制技术,即过去所称的初期喷油率控制技术,就是在喷射过程中,先以较早的喷油定时、很低的喷油率(平缓的喷油开始是降低 NO_x 所必要的),以及适当的喷油持续期,喷入汽缸一小部分燃油,随后以快速升高的喷油率完成主喷射。由于初始喷油率很低,在着火延迟期内所喷入的燃油很少,导致较低的预混合燃烧率,所以可获得较为平缓的燃烧,也为主喷射喷入的燃油创造了合适的燃烧条件,从而改善 NO_x、PM 排放及降低燃烧噪声,并提高燃烧效率。

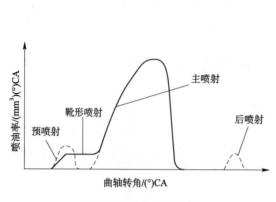

图2-45 理想喷油率曲线图

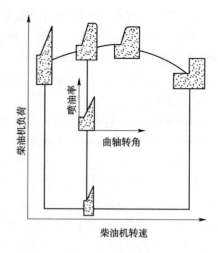

图2-46 随工况而变的理想喷油率形状

预喷射就是在主喷射前的某一时刻,喷入少量的预喷油量。实际上就是在喷射过程中,设定了一次短暂的喷射停止期。预喷射喷入的少量燃油的燃烧,使得燃烧室被加热,缩短了随后进行的主喷射的着火延迟期,而使预混合燃烧比率减少;同时,预喷的燃烧气体被雾化的主喷油束卷吸而改善了主喷射期燃油与空气的混合,从而能有效地减缓燃烧速率,燃烧温度与压力上升减缓,降低了燃烧噪声和NO_x、HC排放,并能在一定程度上改善燃油消耗。试验表明,采用预喷射的方法,可使直喷式柴油机在保持较好的燃油经济性的同时,具有与分隔式相近的排放和噪声水平。

④喷油率形状控制技术。喷油率控制原理流量方程为

$$q_v = C_q A \sqrt{2\Delta p/\rho}$$

式中:q_v——瞬时喷油率;

C_q——流量系数;

A——喷嘴有效流通面积;

Δp——喷孔上下游的压差;

ρ——燃油密度。

由上式可以看出,喷射率取决于喷油嘴喷孔的有效流通面积和喷孔前后的压差及燃油密度。由于燃油密度不易改变,因此仅余下喷孔有效面积和喷孔前后压差两个变量可用来改变瞬时喷油率。现有的喷油率形状控制技术,无一例外都是根据改变喷嘴有效流通面积或改变喷孔前后压差,从而控制喷油率的原理来设计的。

一些高压共轨式喷油系统,如Bosch公司的CR系统,Fiat公司的Unijet高压共轨系统,Lucas公司的LDCR系统等,都可以通过给高速电磁阀多次通电,实现多段喷射、预喷射和后喷射。Bosch高压共轨系统电磁式喷油器喷射序列如图2-47所示,喷射效果详见表2-1。

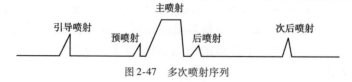

图2-47 多次喷射序列

喷射序列中各次喷射的效果　　　　　表 2-1

喷射种类	效　果
引导喷射	通过预混合燃烧,降低颗粒排放
预喷射	缩短主喷射的着火延迟、减低 NO_x 和燃烧噪声
主喷射	主油量喷射
后喷射	促进扩散燃烧、降低颗粒排放
次后喷射	排温升高、通过供给还原剂、促进后处理(催化剂)

图 2-48 中的 5 条曲线依次为:A——ECM 发出的指令方波或经驱动电路功放的电压曲线;B——电磁阀芯运动的升程曲线;C——打开泄油通道后控制室内的压力曲线;D——针阀升程曲线;E——喷油率曲线。注意不同制造厂家的电控喷油器结构相差很大,维修方法不可随便套用。

3)喷油定时控制

喷油定时控制的基本原理与时间控制式喷油系统一样。与喷油量控制不同,喷油定时的控制含有从曲轴转角到时间的换算,受到发动机转速的影响,因此转速的测量精度至关重要。实际上,发动机转速的精确测量也是时间控制式电控喷油系统所必须首先解决的基本测试问题。

图 2-49 为康明斯 ISBe 发动机带燃油先导喷射和不带燃油先导喷射的缸内压力曲线图。图中蓝色曲线(下)先导喷射电流图与主喷射电流图;玫瑰色曲线(上)为带燃油先导喷射的缸内压力曲线;绿色曲线(中)为传统柴

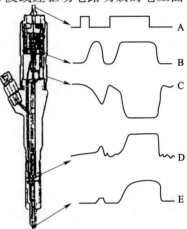

图 2-48　喷油器信号谱
A-指令脉冲;B-三通阀升程;C-指令压力;
D-针阀升程;E-喷油率

油机不带燃油先导喷射的缸内压力。在没有燃油先导喷射的情况下,因较多燃油一起着火燃烧,使得缸内压力急剧升高并伴有激烈振荡,产生燃烧敲击,即柴油机敲缸声;而在带燃油先导喷射的情况下,少量先导喷入汽缸的燃油先着火燃烧,当在上止点附近主喷射燃油就会一边喷入,一边着火燃烧,这样缸内压力的变化就较平缓,因而降低了柴油机特有的燃烧敲击声。

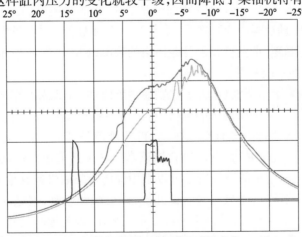

图 2-49　带先导喷射缸内压力的变化

由上可知,高压共轨燃油系统具有如下特点:

①油轨压力反馈控制——PCV/油轨压力传感器。
②喷油量、喷射定时、喷射压力和喷油速率的综合控制。
③燃烧噪声、排放、动力性和经济性的综合优化控制。
④技术水平高。

4）高压共轨燃油系统常见故障

(1) 燃油系统清洁维护的重要性。

非电控柴油机最常见的故障为燃油系统故障，对电控柴油机来说，燃油系统的故障也是常见的故障之一。其故障原因除了正常的磨损外，主要的原因为不清洁，其次还有水引起的腐蚀以及安装不当等。由于电控柴油机燃油系统的部件越来越精密，所以对燃油清洁的要求也越来越高。而目前电控柴油机的维修技师们还没有充分认识到燃油系统的清洁对电控柴油发动机是多么重要，特别是在燃油滤清器到喷油器油路的维修过程中，因为在此过程中进入油路的杂质将直接威胁到电子燃油控制执行器、高压油泵和喷油器的正常工作。一旦这三个部件产生故障，通常都需要送到专门的机构，甚至国外进行修理，或者更换新的部件总成。

因为越来越严格的排放要求，越来越高的对发动机性能的要求以及越来越高的柴油机喷油压力，其燃油系统的机械部件越来越精密，所以对燃油清洁度的要求也越来越高。实践证明，电控柴油机燃油系统的故障大都因未能重视燃油系统的清洁而引起。特别应注意在维护修理的过程中，采取一切可能的措施，保证燃油滤清器以后零部件的清洁。

在燃油系统修理的时候，应注意油管接头处的铁锈、尘土和油漆。在松开管路接头时最好采取清洁、松开再清洁的步骤[图2-50a)]。保留从新零件上拆下的特制燃油系统盖子和塞子，使它们保持干净、干燥和有条理。不要使用脏的盖子和塞子，打开的管路应尽快盖上或塞住[图2-50b)、d)]。在真正需要新的燃油系统零件前，将它们的开口塞住或放在包装内。不要总是假设新零件就是干净的。开始工作前阅读维修手册，通常发动机制造商指定使用非预加注的燃油滤清器。

在修理过程中，应使用不会起毛的维修用毛巾，因为普通毛巾会留下细毛，纸巾也会留下细毛。最好的清洁方法通常是只使用化学制剂。零件清洗机因其过滤不良，所以清洗燃油系统部件不可使用清洗机。应记住：柴油就是灰尘/尘土的磁铁，尽可能保持燃油系统工具洁净，在燃油系统修理过程中应勤洗手，而且避免使用无水和浮石类的清洗剂洗手。只要打开了燃油系统进行修理，也就打开了可能污染的来源，如图2-50c)所示。

(2) 高压共轨燃油系统常见故障。

非高压共轨燃油系统的柴油机，为了在燃油系统修理后（或因油箱排空，空气进入后）能够顺利起动，必须先排除低压油路中的空气，有的柴油机还要松开一根或两根高压油管，起动起动机到松开的高压油管中没有空气排出，再按规范拧紧高压油管，发动机就能顺利起动。当燃油系统内的空气排完后，发动机就能正常运转。而采用高压共轨燃油系统的柴油机，即使燃油系统进入一定量的空气后也可以不用像传统柴油机或其他电控柴油机那样，必须先排放燃油系统中的空气，而只需多尝试几次，即可顺利起动，这是因为系统能自动排放进入燃油系统中的空气。与传统柴油机的燃油系统相比，因为油轨具有较大的容积，使油轨内的燃油压力升高到喷油必须的压力需要燃油泵多工作一点点时间，所以正常起动的时间要比传统柴油机稍长一些。

单元二　电控柴油机燃油系统

a) 拆卸高压油管前的清洁

b) 及时封堵打开的油路

c) 避免污染

d) 使用清洁的盖塞

图 2-50　燃油系统清洁维护

如果高压共轨燃油系统的低压油路中存在空气,就会影响供油而导致发动机无法正常工作;输油泵进油阻力过大,就会没有足够的燃油来满足发动机大负荷时的需要,引起发动机功率不足;输油泵磨损、燃油滤清器堵塞,也会引起上述相同的问题;电子燃油控制执行器如果卡死在关闭位置,就不会有燃油输送到高压油泵;高压油泵磨损后泄漏量加大,油泵可能无法产生和输送足够的高压燃油;如果某高压燃油连接管与喷油器球窝之间密封不良,燃油就会从回油管道流回燃油箱,油轨可能无法保持足够高的燃油压力;喷油嘴针阀如果因杂质卡死,可能会漏油(卡在开启位)或者不能喷射燃油(卡在关闭位)。产生上述这些故障时,可能会有故障码,也可能没有故障码,所以这些种种故障需要通过对该系统的测试来进行诊断。

高压共轨燃油系统的常见故障有:发动机无法起动和柴油机功率不足。发动机无法起动的故障,可能会有故障码,也可能没有故障码,而柴油机功率不足的故障现象,常常没有故障码。一个有经验和没经验的维修技师的区别,就在于能否充分利用电控系统监测的各种参数,迅速确定查找故障的方向或确定故障来源。就像一个医生,要根据病人所做的化验和检查结果来确诊病因一样。要做到这一点,首先要熟悉系统能提供哪些监测数据,然后从中挑选出于当前故障可能有关的那些数据进行分析,进而迅速确定故障源头。

① 发动机无法起动。通常遇到发动机无法起动的故障现象,首先应观察排气管是否有烟。如果排气管没有烟,则说明没有燃油喷入汽缸,这种情况比较常见,接下来再查找为什么燃油没有喷入汽缸的原因。原因的查找通常都需要使用专用或通用的诊断仪器,如康明

斯 INSITE 故障诊断软件或 Bosch 或元征的诊断仪等。

②油轨压力无法建立。在用起动机拖动的时候可以监测实时油轨压力来确定是否无法建立油轨压力。高压共轨系统对燃油油路要求较高,低压油路(油箱→粗滤→细滤,回油)、高压油路(高压油泵→油轨→高压油管→喷油器)都要保证密封良好。任何一个环节出了问题,轨压都不能正常建立,将导致发动机不能起动。

如果确认油轨压力无法建立,则首先检查油箱油位是否过低;检查手压泵是否工作正常;检查低压油路是否有空气,有的话排放空气;用故障诊断仪检查轨压传感器初始电压值是否为 500mV 左右,设定轨压是否为 30~50MPa;检查电子燃油控制执行器 EFC(MPROP)是否正常,该执行器控制进入燃油泵的燃油量,如果该执行器的滑阀卡死在关闭位置,则像燃油切断阀一样切断了燃油的供应,油轨内的燃油压力当然建立不起来。

此外,燃油连接管与喷油器之间泄漏以及油轨减压阀的泄漏,都可能引起无法建立油轨压力。要诊断上述两种原因引起的故障,就需要测试油轨减压阀的回油量以及喷油器的回油量,如图 2-51 所示。如果油轨减压阀回油量超出规范许可,则可以判定油轨减压阀密封不良;如果喷油器回油量异常,则可判定存在高压连接管与喷油器之间密封不良。而要进一步判定是哪个缸的喷油器与连接管之间泄漏,就必须采用断缸工具,逐一切断油轨对喷油器的供油,从而找出密封不良的喷油器和连接管,如图 2-52 所示。至于喷油器的故障,对康明斯柴油机可以使用 INSITE 服务软件来进行 ECM 断油测试,即由 ECM 发出指令,逐缸停止喷油器的工作,根据各缸做功的贡献,来判断喷油器(各缸工作)是否工作正常。较新的康明斯柴油机的 ECM 还可以指令不止一个喷油器停止工作,这样来帮助查找多个汽缸工作不良的故障。使用 INSITE 服务软件,在进行上述两处泄漏测试时会提高油轨的压力,使泄漏更明显。如果没有该服务软件或非康明斯柴油机,则可以断开电子燃油控制执行器接头,来强行提高油轨压力。

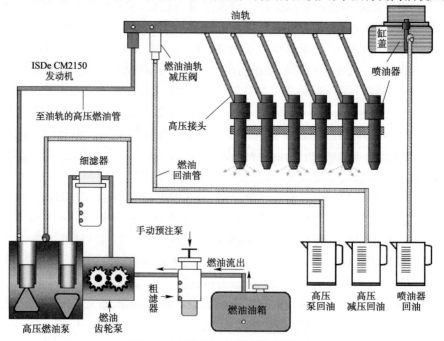

图 2-51 高压共轨燃油系统的回油量测试

单元二 电控柴油机燃油系统

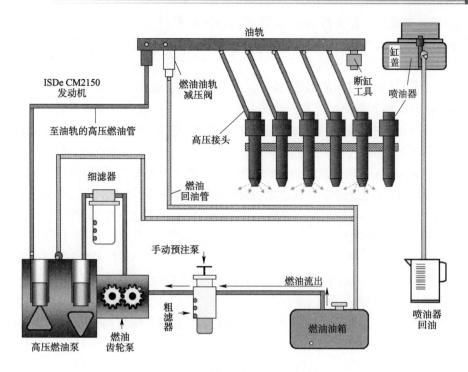

图 2-52 使用断缸工具判断喷油器泄漏

③喷油器无驱动电压。如果油轨燃油压力正常,则应该是喷油器无驱动电压。在监测油轨内燃油压力的时候,也可以同时对曲轴转速传感器和凸轮轴位置传感器及 ECM 的电源电压进行监测。因为如果 ECM 检测不到发动机转速信号或凸轮轴位置信号,ECM 就不会输出喷油器驱动电压,喷油器就不会工作。(有的发动机只要这两个信号缺失一个,发动机就无法起动;有的发动机则两个信号都缺失后才会无法起动,这取决于控制系统的功能)

④功率限制:发动机带故障运行的一种模式。

如果 ECM 检测到发动机出现了非重大故障,不会命令发动机立即停车,而是会限制发动机的功率,使发动机转速只能增加到 1500r/min,允许驾驶人能将车开到就近的维修站进行维修。引起发动机保护系统对发动机功率进行限制的原因通常有:

A. 冷却液温度过高、机油温过高、进气温度过高。冷却液温度、机油温、进气温度过高时,ECU 会进入过热保护功能,限制发动机功率。

B. 曲轴传感器信号与凸轮轴传感器信号不同步,一般是某个传感器的信号失效,或者机械正时错误。

C. 电子燃油控制执行器是控制轨压的执行器,安装在高压油泵上,出现问题以后,高压油泵会以最大的能力向共轨管供油,此时油轨上的泄压阀将会打开,柴油机会产生"咔咔"的噪声。轨压传感器出现问题也会有类似的现象。

D. 燃油泵磨损:燃油泵磨损后使得油泵输出油量减少、压力降低,这样在高负荷状态下运转时,燃油泵的供油量可能会无法满足需要而引起功率不足。燃油泵磨损可以通过燃油泵回油量的测试(图 1-64),再对照规范值作出判断。

E. 传感器信号故障。进气压力传感器、进气温度传感器(空气流量质量传感器)、冷却液温度传感器、油轨压力传感器、油门位置传感器等出现信号漂移,将导致发动机进入功率限制状态;在这种情况下,就必须用诊断仪监测相应的参数,再把实测参数值与正常参数值相比较而作出判断。

F. 供油不足:供油不足可能因进油阻力过大,也可能因输油泵供油量不足引起。而进油阻力包括燃油预滤器和燃油滤清器的阻力、燃油管路弯头的阻力以及燃油管道与接头的孔径不足引起。进油阻力与输油泵供油量都可以借助专用工具进行测量。供油不足时检测到的燃油油轨的压力会低于正常值。

G. 进气不足:进气不足可能因空气滤清器堵塞,进气阻力过大;也可能因增压空气泄漏导致进气压力下降;还可能因中冷器堵塞,导致进气温度升高,密度下降所导致。由于进气不足,喷油量会受到进气量的限制而导致功率下降。把实测的进气压力、温度(质量流量)与正常值相比较就会发现问题。

H. 喷油器故障。

a. 机械故障:针阀卡死,由于柴油中污物较多或进水腐蚀,针阀卡死在喷油器内,不能动作,ECM 可能不记录故障码。

b. 线路故障:喷油器线束由于振动、磨损等原因,连接断开或直接搭在缸盖上短接,此种故障状态下,ECM 会记录故障码。

三 实训——四气门柴油机高压共轨燃油系统的检测与诊断

1 实训说明

由于四气门柴油发动机需要通过高压连接管才能把燃油输送到喷油器,这就比二气门发动机多出了一个肉眼无法看见的泄漏环节,因而对喷油器的安装和紧固提出了更高的要求。

2 任务实施

1)四气门高压共轨柴油机喷油器的拆装

(1)任务说明。

四气门高压共轨柴油机的喷油器外形与结构如图 2-53 所示,安装在汽缸中心线处,如图 2-54 所示。从高压油管来的高压燃油通过连接管引入到喷油器(图 2-55,图 2-41),为防止连接管旋转,杆上设有定位钢珠或定位凸缘,安装连接管时,定位钢珠的位置应处于 12 点钟方向(图 2-41)。四气门柴油机的进排气门头部大小通常都相同,沿汽缸中心均布。摇臂驱动气门的一段为球头结构,通过一个称为大象脚(E foot)的部件,压动横臂,同时驱动两个气门。大象脚呈圆柱形,上部为球窝,与摇臂的球头相配,下部为平面,与横臂顶面配合。调整气门间隙就是调整大象脚的底面与横臂顶面之间的间隙(图 2-56)。

由于空间非常紧凑,有的发动机在拆卸喷油器时,需要拆卸摇臂,如康明斯 ISDe 柴油机拆卸喷油器时需拆卸排气摇臂,有的则不用拆下摇臂。由于喷油器拆装过程中对清洁以及对安装步骤与紧固力矩有非常高的要求,出于可能会引起喷油器故障方面的考虑,建议本任务安排在废旧的四气门高压共轨柴油机上进行。

单元二 电控柴油机燃油系统

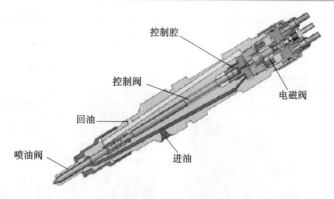

图 2-53 柴油机电磁式喷油器

图 2-54 喷油器安装位置

图 2-55 连接管定位钢珠位置

图 2-56 康明斯 ISBe 柴油机摇臂与喷油器

（2）任务准备。
①四气门高压共轨电控柴油机。
②专用工具、通用工具。
（3）步骤与要求。
①卸下从油轨通向喷油器的高压油管；卸下连接管压紧螺母（图 2-57）；安装连接管修理工具，或用旧的高压油管螺母代替，拉出连接管；注意马上把油轨、高压油管以及连接管接头

用清洁的盖子盖好,或封装在清洁的塑料袋内,避免粘上灰尘。严禁用螺丝刀撬出连接管。

②卸下气门室盖紧固螺母,断开气门室盖上的曲轴箱通风管道,卸下气门室盖。

③卸下排气摇臂(图2-58),卸下电气导线。

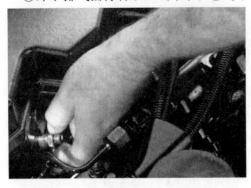

图2-57　松开连接管紧固螺母,拆卸连接管　　　图2-58　卸下排气摇臂

④卸下喷油器压紧螺栓,使用专用喷油器拉拔器,拉出喷油器(图2-59)。

⑤用喷油器清洁刷清除孔内碎屑(图2-60),如果密封垫片多于一个,将改变喷油器的凸出量,并导致喷油器与高压连接管无法对准。用手电检查喷油器孔,确认只有一个密封垫片(图2-61)。

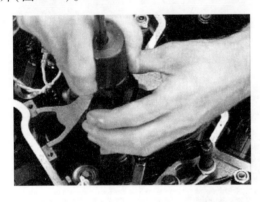

图2-59　使用专用工具拉出喷油器　　　图2-60　使用清洁刷清洁喷油器孔

⑥检查喷油器(与连接管的)座合区,确认其无磨损或损坏,并为燃油连接管提供良好的密封性能。

⑦检查喷油嘴的顶端是否存在积炭或腐蚀。

⑧用万用表测量电磁阀电阻,确保其符合规定($0.4 \sim 0.5\Omega$)。

⑨在喷油器上安装一个新的O形密封圈,并涂上一薄层机油,在密封垫与喷油器之间也涂上一薄层机油(以便把密封垫片粘在喷油器下端,安装时不会掉落)(图2-62)。确保只安装了一个厚度符合规范的密封垫片。

喷油器压紧法兰有一端是圆形的,安装喷油器时要把圆法兰端朝向摇臂总成,并确保喷油器进油孔与供油孔对准,使用喷油器运输用套筒(图2-63),确保喷油器座入喷油器孔中,直到喷油器下端与缸盖相接触。注:如果安装喷油器时没有使用喷油器运输用套筒,则需要注意不要对导线端子施加压力。如果使用导线端子推动喷油器,则可能折断端子。

⑩安装喷油器压紧凸缘和喷油器压紧螺栓,但先不要拧紧(图2-64)。

图2-61 用手电确认只有一个密封垫片

图2-62 安装并润滑O形密封圈

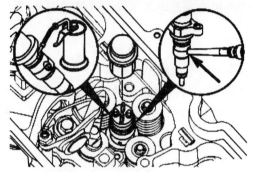

图2-63 使用运输用套筒安装喷油器

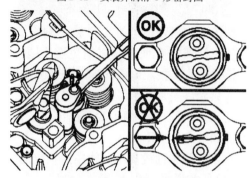

图2-64 喷油器压紧凸缘的紧固

⑪安装高压燃油接头,确保高压燃油接头末端处于喷油器燃油进口端口中;拧上高压燃油接头压紧螺母然后部分拧紧,力矩15N·m(图2-65)。此时由于喷油器未被压死,所以部分拧紧连接管压紧螺母时,如果连接管与喷油器进油口位置有所偏差,喷油器可以自由转动一个角度,这样可以保证连接管与喷油器进油口之间的密封,这一点非常重要。

⑫拧紧喷油器压紧螺栓,力矩8~10N·m;(不同排量发动机可能有所不同)拧紧时应两端交替均匀拧紧,每次拧紧90°转角,检查并确保压紧法兰的孔与喷油器壳体四周的间隙相等(图2-64)。

⑬拧紧连接管压紧螺母,力矩50N·m(图2-65)。

⑭连接并拧紧电磁阀导线,力矩1.5N·m(图2-66)。如果力矩过大,喷油器电磁阀端子将会弯曲而造成故障;把导线牢靠固定到气门室壳体上(图2-67)。

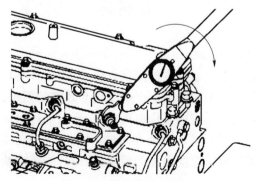

图2-65 拧紧连接管压紧螺母

图2-66 安装电磁阀导线

图 2-67 导线固定到气门室壳体

⑮安装排气摇臂；调整排气门间隙。
⑯安装气门室盖，连接曲轴箱通风管。
⑰安装高压油管。

（4）注意事项。
①高压油路中的零部件拆装过程中应特别注意清洁。
②紧固力矩应严格按照规范执行，喷油器电磁阀导线安装力矩过大，可能会损坏电磁阀；连接管压紧螺母力矩过大，会引起喷油器体弯曲变形，反而会造成密封不良而泄漏。
③两根喷油器电磁阀导线可任意安装，紧固后导线不应与摇臂等运动部件发生碰擦。
④更换新的喷油器，应随着更换连接管。
⑤采用直接按压电磁阀端子安装喷油器，可能会导致电磁阀损坏。
⑥只允许安装一个厚度符合规范要求的喷油器密封垫片；密封垫片数量或厚度不符合要求，会引起喷油器在缸盖底面凸出量的改变，还会破坏与连接管之间的密封配合，造成燃油泄漏和缸内工作不良。

2）四气门柴油机高压共轨燃油系统的检测与诊断
（1）任务说明。
四气门高压共轨燃油系统测试的项目不同，其测试的部位也各不相同，其低压油路的检测项目和位置如图 2-68 所示；高压油路及其回油的检测项目和位置如图 2-69 所示。

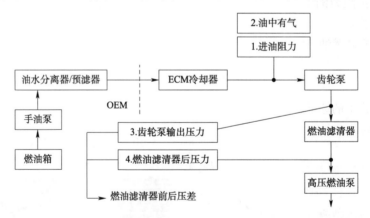

图 2-68 低压油路测试项目与测试点

下面以康明斯 ISDe 发动机为例，介绍对高压共轨燃油系统的测试方法、专用工具与规范。该型号发动机采用了 Bosch 高压共轨燃油系统。不同厂商生产的高压共轨燃油系统，可能燃油泵、油轨或喷油器的结构会有所不同，但整个系统的工作原理相同，所以下述测试方法有其普遍性。此外，由于四气门柴油机与二气门柴油机的喷油器布置不同，二气门高压共轨柴油机没有四气门柴油机那种喷油器与燃油连接管之间可能的泄漏，使得其测试诊断相对简单一些。

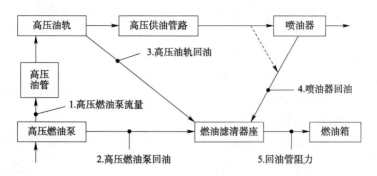

图 2-69　燃油泵输出与高压油路回油检测项目与测试点

（2）任务准备。

①东风康明斯 ISDe 柴油发动机。

②高压共轨燃油系统测试组件。

（3）步骤与要求。

①燃油系统中空气的检测与诊断。燃油系统中有空气,会造成发动机起动困难、运行不平稳、汽缸不发火、功率不足,也可能造成烟度过大和敲缸。

A. 测量点:ECM 冷却器和齿轮输油泵之间(图 2-68)。

B. 测量工况:发动机怠速运行;检查透明管中的气泡。如果几分钟里一直有泡沫通过透明管,说明有空气泄漏存在。

C. 测试过程中,管子中有一些气泡出现是正常的。但是,大量的泡沫出现说明前端有泄漏,造成吸入空气;或需要用手油泵预注。

D. 如果进油阻力测试合格,检查前端燃油管路。

E. 测试步骤：

a. 断开齿轮泵燃油进口管连接处的快速插拔接头。

b. 将燃油系统专用测试工具 4918462（有透明管）(图 2-70)接入齿轮泵入口。

c. 运转发动机,保持低怠速运行。

d. 从透明管中的燃油流动观察燃油中的气泡。

e. 如果运转几分钟后,仍然能够观察到燃油的流动中有连续的气泡,则进油管路中有空气泄漏点。

f. 替代测试点:如果齿轮泵入口处的管接头不能接入工具 4918462,也可在齿轮泵和燃油滤清器间接入工具 4918462 来观察燃油流动中气泡的状态。

g. 诊断。确认燃油管路中有空气泄漏点后需逐步向燃油箱方向,逐根油管、逐个部件、逐个接头仔细查过去,不难找到空气泄漏点。找到泄漏点后,或更换密封件,或更换油管或接头来排除故障。康明斯 ISBe 柴油机的 ECM 采用燃油冷却,所以比空气冷却 ECM 的发动机多了一个可能的泄漏点。燃油进油阻力过大也可能是造成空气泄漏的原因之一。

②燃油进口阻力的检测与诊断。燃油进油阻力过大的主要症状为发动机功率不足,还可伴有起动困难。

A. 测试步骤:齿轮泵燃油进口接头为快速插拔接头。

a. 断开齿轮泵燃油进口管连接处的快速插拔接头。

b. 将燃油系统专用测试工具4918462(有透明管)(图2-70)接入到齿轮泵入口。

c. 连接压力模块和万用表。

d. 运转发动机,发动机以高怠速运行,观察压力读数。

e. 技术规范:高怠速时允许的最大燃油进口阻力:50.8kPa。

B. 测试步骤:(齿轮泵燃油进口接头为12mm空心螺栓)。

a. 拆下齿轮泵燃油进口管的12mm安装螺栓。

b. 将燃油系统专用测试工具4918324(图2-71)安装到齿轮泵入口,然后安装进油管路。

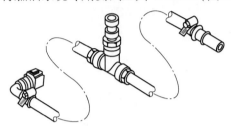

图2-70 燃油系统专用测试工具4918462

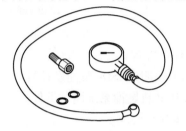

图2-71 燃油系统专用测试工具4918324
(压力表需另配)

c. 连接压力表。

d. 运转发动机,发动机以高怠速运行,观察压力读数。

e. 技术规范:(同上)高怠速时允许的最大燃油进口阻力:50.8kPa。

C. 测试步骤:(处理断续故障时)。

a. 当发动机断续出现进油阻力过大导致的故障现象,但是在现场服务时又不容易监测到进油阻力过大的数据(例如,燃油箱中有塑料纸类异物导致的油箱立管时而堵塞,时而畅通),可使用专用工具(图2-72)3892576s。

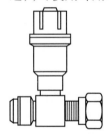

图2-72 燃油系统专用测试工具3892-576s(Fleetguard®零件号)

b. 将燃油系统专用测试工具3892576s安装到OEM至发动机的供油管路中,该工具能够捕捉到进油阻力的最高点(以mmHg或cmHg为单位)。

c. 让客户正常使用发动机,如果在工具3892576s上监测到进油阻力过高的情况,就可以判断在OEM进油管路中有堵塞点。可建议客户更换燃油进油管路或清理燃油箱。

d. 诊断。进油阻力过大的原因可能是管路弯折、缩瘪,燃油预滤器堵塞,油箱中异物堵塞进油口,还可能主机厂配用的燃油接头孔径太小。诊断的步骤与燃油中有空气的步骤相仿。

③ 输油(齿轮)泵输出压力的检测与诊断。输油(齿轮)泵输出压力过低与进油阻力过大产生的症状相似,也会造成对燃油泵(高压油泵)的供油量不足,因而引起发动机动力不足或起动困难。

A. 断开燃油泵齿轮泵出口处的快速插拔接头。

B. 接入燃油系统专用测试工具4918462(有透明管),并在测试接头上接压力模块和万用表。

C. 怠速运转发动机,监测齿轮泵出口压力。

D. 技术规范:最小值为503kPa。最大值为1303kPa。

E. 诊断。如果齿轮泵输出压力低于规范值,应检查燃油进口阻力和燃油中的空气,如果以上两项正常,更换齿轮泵。

F. 如果发动机无法起动,上述步骤仍然有效,拖动发动机,齿轮泵出口燃油压力技术规范:最小值为303kPa。最大值为1103kPa。

④燃油滤清器压降的检测与诊断。燃油滤清器在工作中由于过滤下来杂质的堆积,使得燃油通过滤清器的阻力逐渐加大,产生与进油阻力过大以及输油泵输出压力不足同样的症状。

A. 滤清器进口燃油压力:

a. 断开燃油滤清器座燃油进口处的快速插拔接头,接入燃油系统专用测试工具4918462(有透明管),并在测试接头上接压力模块和万用表。

b. 怠速运转发动机,监测滤清器进口燃油压力。

c. 技术规范:最小值为503kPa;最大值为1303kPa。

如果发动机无法起动,上述步骤仍然有效,拖动发动机,监测齿轮泵出口压力,技术规范:最小值为303kPa;最大值为1103kPa。

B. 滤清器出口燃油压力:

a. 断开燃油滤清器座燃油出口处的快速插拔接头,接入燃油系统专用测试工具4918462(有透明管),并在测试接头上接压力模块和万用表。

b. 怠速运转发动机,监测滤清器出口燃油压力。

c. 技术规范:最小值为503kPa;最大值为1303kPa。

d. 如果发动机无法起动,上述步骤仍然有效,拖动发动机,监测齿轮泵出口压力,技术规范:最小值为303kPa;最大值为1103kPa。

C. 燃油滤清器压降。

a. 发动机怠速运转时,监测柴油滤清器进出口的燃油压力,压力差技术规范:最大压差为81kPa。

b. 发动机额定负荷工况下,监测柴油滤清器进出口的燃油压力,压力差技术规范:最大压差为200kPa。

c. 诊断。如果燃油滤清器未能满足上述技术规范,应立即更换燃油滤清器。

⑤燃油回油阻力的测试。燃油回油阻力过大,发动机会动力不足,加速性能恶化,燃油温度升高,喷油正时推迟。

测试步骤:

a. 断开燃油回油管路上的快速插拔接头,安装燃油系统专用测试工具4918462(有透明管)(图2-73),并在测试接头上安装压力测试模块和万用表。

b. 拖动或在低怠速下运转发动机,监测回油压力,技术规范:最大值为18.6kPa。

c. 诊断。如果回油压力过大,则顺燃油流向,逐步向油箱方向检查油管是否有过大折弯、缩瘪,管径或管接头孔径太小,管路是否有堵塞。

⑥燃油泵的检测与诊断。燃油泵的工作任务为产生并输送足够的高压燃油到燃油油轨,如果产生的压力不够或流量不足,发动机就不能正常运行,甚至不能正常起动。

A. 燃油泵输出压力的检测与诊断。

a. 不要在高压共轨燃油系统的高压油路部分安装任何机械式的压力表进行压力测量。

b. 可以使用康明斯电控发动机服务软件 INSITE 来监测高压共轨内的燃油压力(图 2-74),正常工作燃油压力范围为 25~160MPa。

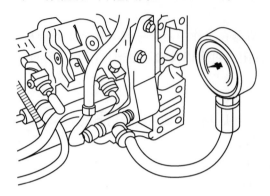

图 2-73 燃油回油阻力测试

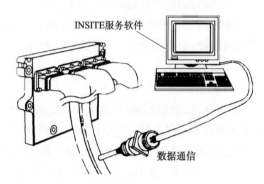

图 2-74 服务软件检测高压燃油泵输出压力

B. 燃油泵输出油量的检测与诊断(发动机无法起动时很有用)。

a. 发动机无法起动时,拆下高压燃油泵至油轨的燃油管,在高压燃油泵的高压燃油出油接头上安装一个导向燃油管(图 2-75),将流出的燃油导向一个 500mL 的带刻度的容器。

b. 断开高压燃油泵的 EFC 电气接头,拖动发动机(注意,拖动不要超过 30s 以免起动机过热,可采用拖动 10s,间隔 30s 的累积计量法以降低起动机过热的危险),测量高压燃油泵的出口燃油量,技术规范:最小流量为 70mL/30s(发动机转速 150r/min)。

c. 诊断。如果高压燃油泵不满足该技术规范,而且检查燃油中的空气,进油阻力以及燃油滤清器都正常,则更换 EFC,然后重新进行上述测试。如果更换 EFC 之后进行测试还是不能满足该技术规范,则更换高压燃油泵。

C. 燃油泵回油量的检测与诊断。断开高压燃油泵回油出口的快速插拔接头,使用专用工具 4918464(快速插拔接头堵头)堵住断开的回油总管,并在高压燃油泵回油出口处安装专用工具 4918434,(图 2-76)将高压燃油泵的回油导向一个 500mL 带刻度的计量容器中。

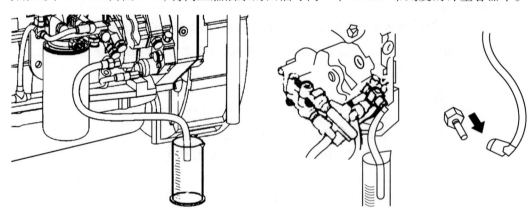

图 2-75 燃油泵输出油量的检测   图 2-76 燃油泵回油量的检测

a. 起动发动机,保持发动机怠速运行(750r/min),记录30s内的回油量,技术规范:最大回油量为500mL/30s。

b. 诊断。如果高压燃油泵不符合上述技术规范,而且检查油燃中空气和进油阻力均正常,则需更换高压燃油泵。

⑦油轨减压阀泄漏的检测与诊断。正常工作的油轨减压阀仅在油轨压力超过设定值的时候才打开,释放多余的燃油以保证系统的安全。如果减压阀密封不严而产生泄漏,则油轨内燃油可能无法保持适当的压力,发动机可能动力不足,严重时发动机可能无法起动。

测试步骤:

a. 如果燃油油轨减压阀回油接头是12mm的空心螺栓安装,则使用燃油回油专用测试工具4918295(图2-77),拆下回油管路空心安装螺栓,安装工具4918295中的燃油管,将流出的燃油导向一个带刻度的500mL计量量杯中,同时用工具4918295中的堵帽堵住回油总管的一侧。

b. 如果燃油油轨减压阀回油接头是快速插拔接头,则使用燃油回油测试工具4918354(图2-78),断开油轨减压阀回油接头,在油轨上安装工具4918354中的带阴性接头的油管4918434,并将燃油导向一个带刻度500mL的计量油杯中,同时使用专用工具4918464(快速插拔接头堵头)堵住回油总管的一侧。

c. 技术规范:怠速时,不允许有任何的泄漏量。

使用INSITE燃油系统泄漏测试功能时,泄漏量不允许超过:1滴/s或16mL/min。

d. 诊断。如果泄漏量超过技术规范,则更换减压阀。

⑧喷油器回油的检测与诊断。各个喷油器的回油流入缸盖内的一个回油道,经过一个回油止回阀进入回油管。喷油器的回油包括喷油器工作时的正常回油以及燃油连接管与喷油器进油孔处的泄漏。燃油连接管与喷油器进油口之间的泄漏会产生与油轨减压阀泄漏相似的故障症状。

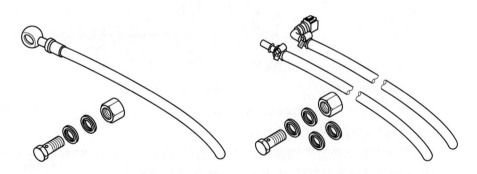

图2-77 燃油回油测试专用工具包4918295　　图2-78 燃油回油测试专用工具包4918354

A. 测试准备步骤:拆下缸盖上的喷油器回油总管的空心安装螺栓,并使用该空心安装螺栓将回油测试工具包4918295(图6-37)中的专用油管安装在缸盖上(只能使用该空心螺栓,因其内部有止回阀),将喷油器回油导向一个带刻度为500mL的计量油杯中,同时

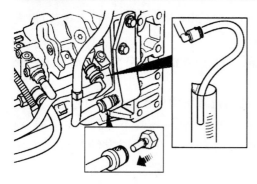

图 2-79 喷油器回油的检测

用工具 4918295 中的堵帽堵住回油总管的一侧 (图 2-79)。

B. 技术规范。运转发动机,并连接 INSITE,运行燃油系统泄漏诊断测试,使燃油油轨压力上升至 150 MPa 左右,为了更精确地测量,至少运转 1min 以使喷油器达到工作温度。然后测量 1min 内的喷油器回油量。

a. 技术规范 A:
- 6 缸发动机最大回油量 300mL/min;4 缸发动机最大回油量 200mL/min。
- 发动机怠速(无 INSITE 燃油系统诊断测试时)。

b. 技术规范 B:
- 6 缸发动机最大回油量 180mL/min;4 缸发动机最大回油量 120mL/min。
- 为了得到更精确的数值,可测 3 次取其平均数。
- 在标准怠速下可能检测不到泄漏量。
- 发动机无法起动时,该步骤仍然有效,拖动发动机 30s,技术规范:最大回油量为 45mL/30s。

C. 断缸测试步骤。

a. 如果喷油器回油量超出了测量技术规范,应该使用专用断缸工具 4918298 (图 2-80) 进行断缸测试以找出泄漏的喷油器和连接管。

a) 断缸工具 4918298　　　b) 断缸工具 4918298 的安装

图 2-80 断缸工具的使用

b. 首先确认高压燃油连接管的安装力矩。

c. 依次断开燃油共轨至各缸喷油器的高压供油管,将断缸工具 4918298 安装在高压共轨上,并按照康明斯规定的力矩拧紧,依次进行喷油器回油量测试。

d. 记录断开各缸时收集到的喷油器回油量,如果断某一缸后喷油器的回油量满足了技术规范,证明该缸喷油器有故障。注:更换新的喷油器时,必须同时更换新的高压燃油连接管。

D. 断缸测试诊断实例。起动发动机,运行 INSITE 高压燃油泄漏诊断测试,结果见表 2-2。

高压燃油泄漏测试结果　　　　　　表2-2

断缸	1	2	3	4	5	6
收集到的燃油量(mL/min)	380	390	385	380	165	385

判断第5缸喷油器有泄漏,更换第5缸喷油器和高压连接管后,发动机故障排除。

注:INSITE软件中的断缸测试功能并不能够帮助判断由于高压燃油连接管和喷油器结合面密封不良造成的泄漏(图2-81)。

E. 替代测试步骤(维修手册中主要提及)。

a. 首先断开油轨的回油,使用快速插拔接头堵头4918464堵住回油总管的一侧,[图2-82a)],同时在减压阀出口上安装带阴性接头的导向油管4918434,将油轨减压阀流出的燃油导向一个容器。

b. 然后断开高压燃油泵回油管的快速插拔接头,在高压燃油泵回油接头上安装带阴性接头的导向油管4918434,将高压燃油泵的回油导向一个容器[图2-82b)],在回油总管一侧安装一个带阳性接头的导向油管4918433,将回油导向一个带刻度的500mL计量油杯中,以计量喷油器的回油。

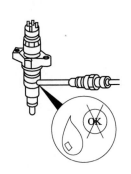

图2-81　燃油连接管和喷油器结合面密封不良造成的泄漏

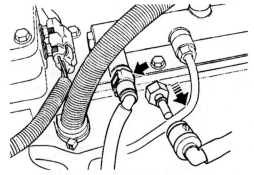

图2-82　油轨回油量的检测

c. 断开回油至飞轮壳的快速插拔接头,并用快速插拔接头堵头堵住回油总管。

d. 进行测量。

燃油系统其他技术规范:燃油最高进油温度为70℃。

在上面测试喷油器回油时,为了有效地发现喷油器与连接管之间的漏油,需要提高油轨中的燃油压力。康明斯INSITE服务软件,可以对ECM进行控制,加大供油量,把怠速工况下油轨内的燃油压力提高到150MPa左右。由于高压共轨燃油系统的特点,维修技师无法、也不允许如同传统柴油发动机那样,用逐缸松开高压油管的办法来判断工作不良的汽缸,在INSITE服务软件中设置了ECM测试项目,可以自动或手动切断某个汽缸(或多个汽缸)的供油来查找工作不良的喷油器,显示出该汽缸的功率输出百分比。还可以把ECM设置到测功机等其他模式,具体功能的多少随发动机的不同而有所差异。

如果没有康明斯INSITE服务软件,可以断开电子燃油控制执行器接头来提高油轨压力。

(4) 注意事项。

① 测试应严格按照规范执行。

② 应特别注意清洁,脏污物进入燃油系统可能会引起发动机故障。

③Bosch 公司的喷油器国内无法维修，发生故障时必须换用新件。

四 学习评价

1 理论考核

1）名词解释

（1）位置控制式喷油系统。

（2）时间控制式喷油系统。

（3）电控 P-T 燃油系统。

（4）泵喷嘴。

（5）高压共轨燃油系统。

（6）电子燃油控制执行器。

（7）液流缓冲器。

（8）电磁式喷油器。

（9）压电式喷油器。

（10）高压连接管。

2）判断与分析

（1）Bosch VP44 燃油泵为什么需要温度补偿？

（2）Bosch VP44 燃油泵是如何调节喷油正时的？如果正时控制阀电信号丢失，其供油正时会如何变化？

（3）VP44 燃油泵是如何控制喷油量的？

（4）电控 PT 燃油系统是如何控制供油量的？

（5）电控泵喷嘴是如何控制供油量的？

（6）Bosch 高压共轨燃油系统中的电子燃油控制执行器是如何工作的？

（7）高压共轨燃油系统工作中能否松开高压燃油接头？

（8）高压共轨燃油系统工作中安装高压油泵时是否需要对正时？

3）简答题

（1）简述 Bosch 电磁式喷油器的工作原理。

（2）柴油机喷油器下部密封垫片厚度不正确会有何后果？

（3）试述电控 4 气门柴油机喷油器安装步骤要点。

（4）如何测量低压油路进油阻力？

（5）如何测量输油泵输出压力？

（6）如何测量燃油滤清器压降？

（7）如何测量高压共轨燃油系统中喷油器、油泵和油轨限压阀的回油量？

（8）如果怀疑喷油器泄漏，应如何检测并确定具体泄漏点？

（9）如果没有诸如康明斯 INSITE 服务软件，能否提高油轨压力以便检测泄漏？

2 技能考核

（1）四气门柴油机高压共轨喷油器的拆装。

(2)柴油机燃油系统中进油阻力的检测诊断。

五 拓展学习——ECM 测试简介

传统柴油机常采用逐一松开高压油管,切断喷油器供油的方法来查找哪一缸工作不正常,由于安全的原因,这一方法再不能使用在采用高压共轨燃油系统的电控柴油机上。从电控柴油机时间控制燃油系统的工作原理可知,喷油器以及其他执行装置的工作完全由 ECM 所控制,所以 ECM 的控制功能可以用来帮助进行诊断测试,但并不是所有电控柴油机的 ECM 都具有这种功能,而且具体的 ECM 诊断测试项目也可能因不同发动机型号而异。康明斯 INSITE 服务软件功能之一设置了 ECM 诊断测试向导,其中某高压共轨电控柴油机的诊断测试向导如下。

(1)EFC(电子燃油控制执行器)执行器取消。
(2)SAE J1939 数据通信接口控制测试。
(3)测功机设置。
(4)风扇取消测试。
(5)进气加热取消测试。
(6)汽缸断油测试。
(7)燃油系统泄漏测试。

在上述测试向导中选择任意一项,就会显示相应的说明和/或测试选项,必要时还会显示警告信息,要求严格遵循说明,确保测试安全圆满完成。然后单击"开始",测试立即进行,要停止就单击"停止"按钮。

其中的汽缸断油测试选项可以对选定的一个或多个汽缸停止喷油,以帮助判定是哪个汽缸或哪个汽缸的喷油器工作不正常,与传统切断柴油机某缸的供油相似。但由于设定了发动机的怠速转速,当 ECM 停止某个汽缸供油而使发动机转速短暂下降后,ECM 会增加对其他汽缸的供油量,而使发动机恢复到设定的怠速转速。在此过程中,ECM 就可以判定各汽缸的贡献并以百分比表示出来。在二气门的高压共轨发动机上,喷油器的安装与传统发动机相似。如果想要停止对某汽缸喷油器的工作,当然也可以采用断开喷油器供电回路的方法,但对于四气门高压共轨发动机,接近其喷油器不方便,而且喷油器的供电电压较高,易产生不安全因素。在 ECM 诊断测试中选择汽缸断油测试则非常方便。

燃油系统泄漏测试是高压共轨燃油系统特有一个测试项目,特别是对四气门的电控发动机,因为高压燃油必须通过一根安装在缸盖中的燃油连接管到达喷油器,所以多了一个燃油连接管与喷油器之间的连接密封问题,即多了一个泄漏的可能,而且这个泄漏肉眼不可见。为了在选择燃油系统泄漏测试项目时使泄漏更加明显,ECM 在测试时会加大对油轨的燃油供应,短时间内使油轨压力接近系统允许工作压力的上限。在确认喷油器泄漏超过规范时,可采取逐缸隔离的方法,确定具体泄漏点;确认油轨限压阀泄漏时,可进行修理或更换;如确认油泵回油异常,则对燃油泵采取相应的维修措施。

同样,ECM 诊断测试对查找执行器的故障也是非常有用的。在进行这些 ECM 诊断测试的同时,也可以同时进行一些参数的监测,帮助迅速确定故障根源。

单元三　天然气发动机

学习目标
1. 了解天然气的主要成分及其燃烧产物；
2. 熟悉天然气发动机控制系统中各传感器的功用与位置；
3. 熟悉天然气发动机燃料系统的组成与功用；
4. 熟悉天然气发动机点火系统的工作；
5. 了解天然气发动机用机油的特点；
6. 掌握天然气发动机燃油系统与点火系统的故障诊断思路。

概述

由于石油资源危机和日益恶化的环境状况以及日益严格的排放法规，迫切要求人们寻找发动机能够使用的清洁燃料来降低其废气排放，因此研究、发展清洁能源汽车已成为一种趋势。天然气（NG，Natural Gas）和液化石油气（LPG，Liquid Petroleum Gas）作为替代柴油和汽油的清洁燃料在国内外受到广泛应用与关注，天然气和液化石油气发动机也以其良好的低排放性能和经济性能而具有广泛的应用前景。

天然气（NG）的主要成分为甲烷（CH_4），它主要存在于油田和天然气田中，也有少量储于煤层；另有少量的乙烷、丙烷和丁烷，此外通常还含有少量硫化氢、二氧化碳、氮和水汽，以及微量的惰性气体，如氦和氩等。车用天然气的质量要高于家用天然气，家用天然气中的杂质含量较高。原料天然气经脱水、脱硫处理后成为车用天然气。由于严格控制了天然气中的硫化氢和硫的总含量，与传统的燃料汽油或柴油相比，燃烧后对环境的危害大大降低。甲烷燃烧后生成二氧化碳和水，其化学方程式为：

$$CH_4 + 2O_2 =\!\!=\!\!= CO_2 + 2H_2O$$

甲烷的密度约为空气的60%，其低热值高于汽油和柴油，自燃温度略高于汽油和柴油，因此需要外源点火。其抗爆性优于汽油，可采用比汽油发动机较高的压缩比，故其热效率和经济性较汽油发动机要好。此外，天然气资源较丰富，其分布广泛，价格低廉，而且可大大降低发动机的排放污染水平。

  天然气发动机以其使用天然气的形态,又可分为压缩天然气(CNG,Compressed Natural Gas)发动机和液化天然气(LNG,Liquid Natural Gas)发动机两种。LNG 是天然气经超低温深冷到 -162℃时形成的液态天然气,称为液化天然气。经净化和低温液化的天然气,其中有害杂质进一步减少,因而其燃烧产物也更洁净。

  与使用柴油发动机或汽油发动机的车辆或机械上需设置容量适当的油箱的道理一样,为了保证使用 CNG 发动机的车辆或机械添加一次燃料后可行驶或工作适当的里程或时间,需要把较高压力的天然气储存到不止一个高压储存罐中,这样就增加了车辆的自重,而且储气罐需定期检验以保证安全,此外还需要建造相配套加气站等辅助设施,因此使得压缩天然气发动机的使用推广具有一定的困难。研究表明,使用 LNG 与使用 CNG 相比,在大规模生产液化天然气时,所需的单位基建投资额可节省 25% ~ 30%,而生产成本可节省 40%。综合液化天然气的"生产—运输—配送"的成本可节省 10% ~ 30%。此外,天然气液化后的体积仅为原来的 1/600。车辆使用液化天然气发动机其燃料系统的质量比使用压缩天然气发动机的燃料系统质量显著减轻,而车辆在一次添加燃料后的行驶里程或工作时间为使用压缩天然气发动机的 1.8 倍,可与使用传统汽油或柴油发动机的车辆相媲美。

  俄罗斯对 CNG 发动机做了长期和卓有成效的研究,取得了很好的成绩。而由于 LNG 的优点,其他一些国家更倾向于 LNG 发动机。当今世界上有大约 50 家左右的大型发动机制造商在生产天然气发动机,我国玉柴、潍柴等厂家也有生产。实际上,液态的 LNG 经一个蒸发器吸收热量变成气态后就成了 CNG,在发动机的结构和控制方面 LNG 发动机与 CNG 发动机几乎完全一样。

  通常天然气加气站管道中天然气的压力为 207 ~ 345kPa,为了让车辆储存足够的天然气,把天然气加压至 20.7 ~ 24.8MPa 储存在储气罐内。而为了让车辆装载更多燃料,可将天然气在 -162℃的低温下,将天然气压缩成液态储存在储液罐内。天然气储液罐的内胆与外壳之间采取了真空绝热来维持燃料温度。通常 LNG 供应商都会提供 LNG 储液罐、蒸发器、加注接头和压力管理系统。这些部件通常与储液罐连为一体。

  LPG 是在常温下加压(1MPa 左右)而液化的石油气,其主要成分是丙烷(C_3H_8)。常温常压下是无毒、无色、无味的气体,具有辛烷值高、抗爆性能好、热值高、储运压力低等优点。丙烷燃烧后也是生成二氧化碳和水,其化学方程式为:

$$C_3H_8 + 5O_2 =\!=\!= 3CO_2 + 4H_2O$$

  LPG 汽化后比空气重,其热值比汽油高 4% ~ 5%,其辛烷值高达 100 ~ 110,因此可采用比汽油发动机较高的压缩比,从而具有较高的经济性和热效率。LPG 的着火点要比汽油和柴油高 200℃以上,因此更安全可靠。LPG 发动机具有良好的低温起动性能,其燃烧充分彻底,因此 LPG 汽车排气中的 CO、HC、NO_x 等有害成分大为减少,且没有黑烟和积炭。

  还有其他一些可用于发动机的天然气,如氢气、醇类燃料、二甲醚以及生物燃料等,在此不予一一介绍。

  电控汽油发动机的燃油系统经历了燃油单点喷射、多点顺序喷射和缸内直喷的过程。而 CNG、LNG 和 LPG 发动机的发展与汽油发动机的发展相似,也在向缸内直喷发展。缸内直喷技术的运用可以提高发动机的效率,使得原先与汽油机工作相似的 CNG、LNG 和 LPG

发动机变得更像柴油发动机那样工作。目前大多数 CNG、LNG 和 LPG 发动机都是采用燃气在混合器内与增压中冷后的新鲜空气相混合成为混合气,经进气歧管和进气门引入汽缸。玉柴 CNG 发动机系统原理如图 3-1 所示。

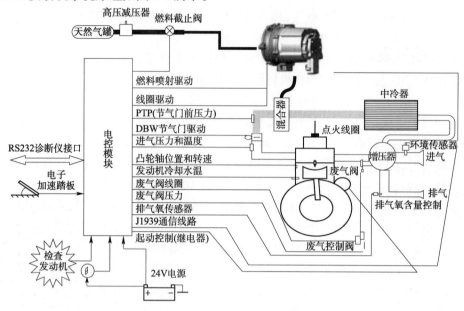

图 3-1 玉柴 CNG 发动机系统原理

由系统原理图可见,该发动机工作的基本原理为:高压的压缩天然气从储气钢瓶出来,经过滤清器过滤,经高压电磁阀进入高压减压器。高压电磁阀的开合由 ECM 控制,高压减压器的作用是将高压的压缩天然气(工作压力为 20~3MPa)经过减压将压力调整至 0.7~0.9MPa。减压后的天然气进入电控调压器,电控调压器的作用是根据发动机运行工况精确控制天然气喷射量。天然气与空气在混合器内充分混合后进入汽缸,被火花塞点燃进行燃烧。火花塞的点火时刻由 ECM 控制。氧传感器即时监测燃烧后的尾气中含氧的浓度,ECM 根据氧传感器的反馈信号和控制脉谱 MAP 及时修正天然气喷射量,保证发动机在各种工况下平稳运转。

5.9L(359 cu.In.)排量　102mm(4.02 in.)缸径　120mm(4.72 in.)行程　10.5:1 压缩比

图 3-2 康明斯 B Gas Plus 发动机

LPG 发动机的系统与 LNG 发动机的系统基本相同,只是因为燃料的不同,喷射到混合器中的燃料量不同而已。

由于国产 CNG 发动机的水平与国外知名厂商生产的 CNG 发动机相比还存在一定的差距,下面主要以康明斯 B Gas Plus CNG 发动机为例,介绍该发动机的各个系统及其工作原理,同时兼顾 LNG 与 LPG 发动机。康明斯 B LPG 发动机与 B Gas Plus 很多地方都相同或相似,但由于燃料的不同,所以压缩比不一样。

康明斯 B Gas Plus 发动机(图 3-2)为一款直列 6 缸带增压中冷的 CNG 发动机,其排量为 5.9L,缸径为 102mm,行程为 120mm,压缩比为 10.5:1(康明斯 B 系列 LPG(发动机压缩比为 9.2:1)。有 3 种不同的额定功率,分别为 172kW(2800r/min);149kW(2800r/min)和 145kW(2800r/min);在 1600r/min 时的峰值转矩分别为 678N·m,657N·m 和 570N·m;额定转速为 2800r/min。康明斯 B LPG 发动机额定功率为 145kW(2600r/min),峰值转矩为 570N·m(1600r/min),额定转速为 2800r/min。

二、天然气发动机控制系统

天然气发动机控制系统中有一些是与电控柴油机相同的,在此仅着重介绍天然气发动机特有的部分。

(1)发动机位置传感器安装在凸轮轴齿轮的后部。

(2)燃气质量流量传感器把流过燃料控制阀的燃料量告知 ECM,该传感器是一个热线式质量流量传感器。

(3)第一级燃料压力传感器安装在低压调压阀进口侧(图 3-3),此传感器告知 ECM 第一级燃料压力调节阀的出口压力。低压会导致发动机功率过低,而高压则导致发动机难以起动或无法起动。

(4)混合器进口压力传感器(图 3-4)测量新鲜空气在混合器进口处的压力,由于混合器进口压力与增压器压气机叶轮出口处的压力相同,此压力即增压器的增压压力。ECM 利用该传感器提供的信息来控制增压器废气旁通阀。如果该传感器测得的压力过高,ECM 就切断燃料供应,发动机失去燃料供应后转速降低,增压器转速也随之降低。等混合器压力传感器的压力恢复正常工作水平时恢复正常燃料供应。如果该传感器与线束之间的连接断开,ECM 将利用节气门位置和进气歧管压力来估算混合器进口压力。

第一级燃料压力传感器

图 3-3 第一级燃料压力传感器

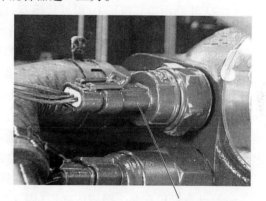

混合器进口压力传感器

图 3-4 混合器进口压力传感器

(5)排气背压传感器测量排气阻力,ECM 根据排气背压传感器的信号对排气氧传感器的输入进行修正,从而实现更精确的最终空燃比。排气管与排气背压传感器之间的信号管必须安装在与氧传感器相同的横截面上[图 3-5a]。此传感器的信号可用康明斯服务软件 INSITE 进行监测。排气背压传感器的读数可反映出催化转化器的状况,因为催化转化器堵塞会导致背压升高。排气管与排气背压传感器之间的信号管必须保持通畅[图 3-5b],信号管堵塞可能会引发故障码。

(6)进气歧管温度/压力传感器检测进气歧管内的压力和温度，ECM 根据进气歧管压力信息来控制发动机燃料供给。进气歧管温度信息用于发动机过热保护。

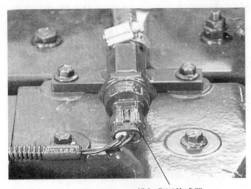 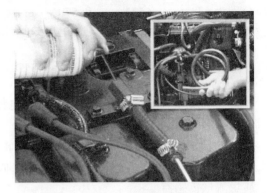

a)排气背压传感器　　　　　　　　　　　　　b)信号管需保持畅通

图 3-5　排气背压传感器与信号管

上述的几个压力传感器检测的都是绝对压力。在点火开关接通时 ECM 根据混合器进口压力传感器、排气背压传感器和进气歧管压力/温度传感器的信息来确定当前的大气压力。在发动机运转过程中，排气背压传感器会更新此信息。大气压力用来计算燃料基本供应量，并为发动机上的其他压力传感器设定基准。

(7)机油压力/温度传感器安装在主油道处。为了保护发动机，ECM 对机油压力和温度进行监测，如果机油压力过低或机油温度过高，发动机就会降低输出功率，并可能会停机。

(8)ECM 利用第二级压力/温度传感器(图 3-6)检测第二级燃料压力和温度。如果低于规定压力，可能会导致发动机输出功率过低；如果高于规定压力，发动机则会难于起动或无法起动。当此传感器检测到燃料压力过低时，燃料压力低指示灯就会亮起。

(9)冷却液温度传感器信息用于发动机保护、点火正时和燃料供应控制。如果冷却液温度过高，发动机会降低功率，并可能导致停机。

(10)车速传感器向 ECM 传送车速信息。车速传感器通常安装在变速器输出轴端，当变速器输出尾轴齿轮的轮齿经过传感器时即输出一个信号。ECM 根据此信号得出变速器输出轴的转速(传动轴转速)，再根据驱动桥的减速比和驱动轮胎的直径，计算出车速。

(11)加速踏板如单元一中所述，在此不再重复。

(12)此发动机有两个爆震传感器(图 3-7)，每个传感器监测 3 个汽缸。爆震传感器的位置(图 3-8)是固定的，并对当前位置标定了爆震检测，因此不得将爆震传感器从原有位置重新安置到其他处。ECM 程序内有 3 个用于爆震检测和预防的阈值。三个阈值中最低的一个为轻度爆震，用于防止由于中、低度爆震造成的损坏。当监测到轻度爆震时，ECM 将点火正时延迟并略为减小油门开度，黄色警告指示灯亮起，提醒驾驶人已检测到轻度爆震。如果轻度爆震所采取的对策不能排除故障或检测到的爆震超过了重度爆震阈值，则激活此警告，ECM 将大幅度减小油门开度并亮起红色停机指示灯。还有一个为冷态爆震阈值，该阈值在发动机达到冷态稳定工作温度的过程中提供了极大保护，此阈值设定的时间是起动时冷却液温度的函数。

（13）排气氧传感器（图3-9）监测废气中的含氧量,废气中的含氧量表示实际的空燃比。对于此发动机,氧传感器转换模块没有与氧传感器一起使用。氧传感器必须安装在垂直方向80°以内,安装时必须在氧传感器螺纹上施加防黏结剂。

图3-6　第二级燃料压力/温度传感器

图3-7　爆震传感器

图3-8　爆震传感器位置

图3-9　排气氧传感器

（14）冷却液液位传感器检测冷却液液位,当冷却液液位降至某个水平以下时,ECM将降低发动机功率。如果没有排除故障,发动机功率降低的程度将随着时间的推移而不断增加。

（15）湿度的增加会降低发动机的功率输出,湿度传感器（图3-10）可使发动机控制系统降低这种功率降低现象,并提供恒定的功率输出。

（16）开关装置向ECM提供驾驶人的输入,ECM利用检测到的开关位置来打开或关闭各种装置,例如巡航控制、PTO（动力输出）和故障诊断。

（17）燃料控制阀（图3-11）调节进入混合器的燃料量,该阀是一个常闭阀。ECM利用排气氧传感器和燃气质量流量传感器的输入准确控制阀的开启量。

（18）燃料切断阀（图3-12）也是一种常闭

图3-10　湿度传感器

阀，ECM 通过控制该阀来打开或切断对发动机的燃料供应。

（19）ECM 通过控制废气旁通控制阀启闭，得到所需要的增压压力。对增压压力的控制可以在特定负载条件下提供所需要的转矩输出。

燃料控制阀

图 3-11　燃料控制阀

燃料切断阀

图 3-12　燃料切断阀

（20）发动机的控制系统中还有一个点火控制模块（ICM），ECM 和 ICM（图 3-13）都在点火系统起到处理器的作用。ECM 向 ICM 发送点火正时信息与点火指令，点火系统的输入信号来自发动机进气歧管压力传感器和发动机位置传感器。ICM 随后向各个点火线圈发送点火信号，这些点火信号的电压约为 300V。ECM 向 ICM（图 3-13）发送一个点火参考信号，告知 ICM 何时 1 缸准备点火。来自 ECM 的点火正时信号告知 ICM 点火正时相对基准设置延迟或提前的量，以便针对工况作出调整。

a)电子控制模块

b)点火控制模块

图 3-13　电子控制模块（ECM）和点火控制模块（ICM）

（21）ECM 向电子油门执行器（图 3-14）发出一个脉冲宽度调整（PWM）信号，油门执行器即响应该 PWM 信号打开或关闭节气门；ECM 利用测得的节气门位置来控制燃料供应。ECM 会亮起多个不同颜色的指示灯来提醒驾驶人需要注意的工况，如发动机故障或维护状况。

发动机线束带有适用不同通信协议（J1708 与 J1939）接头与通信接口，实现 ECM 可以与服务软件之间的通信。

ECM 内存有向发动机提供正确空燃比的缺损控制表，由于各种运行因素的影响，默认控制表可能无法针对具体的发动机工况提供最佳的控制性能，该 ECM 具有自适应学习能力,可以通过发动机上传感器获得的信息对开环系统做必要的修正。这些自适应学习获知的修正会添加到 ECM 的基本控制表中,从而实现更准确的开环燃料供给。

自适应学习系统(图 3-15)读取来自燃气质量流量传感器和排气氧传感器的信息,然后确定对燃料控制表的修正,并将其存储在 ECM 中。需要注意的是,如果更换了燃气质量流量传感器、排气氧传感器或燃料控制阀,则 CEM 中的燃料控制表必须复位,复位操作需要使用康明斯服务软件。为确保自适应学习系统信息的准确性,其学习条件被严格限定于:发动机应无燃料系统现行故障,并处于正常的工作温度和运转模式。

图 3-14 电子油门执行器

自适应学习系统降低了装置之间的差异性,改善了瞬时响应,提高了开环控制性能

图 3-15 控制系统具有自适应学习能力

实际上,LPG 发动机控制系统的工作原理,与 CNG 发动机的控制系统工作原理完全相同。

康明斯 B Gas Plus CNG 发动机与玉柴 CNG 发动机一样采用闭环控制系统,系统示意如图 3-16 所示。图中左上部粉色通道为天然气通道,左下部蓝色通道为新鲜空气通道。所谓闭环控制就是发动机利用氧传感器和燃料质量流量传感器的输出,控制燃料控制阀,从而形成一个闭合的控制环。发动机必须达到正常的工作温度才能进入闭环控制。当氧传感器收到废气中机油的污染时,系统会回到开环运行,并且不会理会氧传感器的读数。

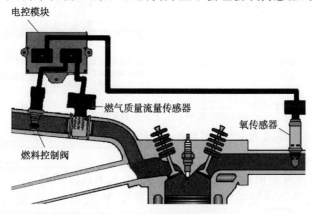

图 3-16 康明斯 B Gas Plus 发动机的闭环控制系统

ECM 决定提供正确燃料流量所需的燃料控制阀开度,它还通过燃气质量流量传感器监测燃气质量流量,并将实际的燃料流量与指定的燃料流量相比较。ECM 利用氧传感器的输

出来核实燃料控制阀的位置,以便实现所需的排气状态。如果排气中氧含量过高(即混合气浓度过稀)或氧含量过低(即混合气浓度过高),因为氧传感器的输出比燃料质量流量传感器的输出有更高的优先权,ECM 将利用氧传感器的信息来调整燃料控制阀的位置,来提供正确的空燃比。这种偏差可以用康明斯服务软件 INSITE 来监测,如果补偿的偏差超出设定的范围,系统则回到开环运行。

三、天然气发动机燃料系统

按照燃料系部件的安装位置,可把整个燃料系统分为两部分,一部分是车辆燃料系统,另一部分是发动机燃料系统。典型 LNG 车辆燃料系统如图 3-17 所示,如果把其中的储液罐换成储气罐,再把蒸发器换成高压滤清器,那就成了典型的 CNG 车辆的燃料系统。燃料经过车辆燃料系统后进入发动机的燃料系统。由图中可见,一条旁通路线由储液罐经安全阀通往大气。一条主通路线为:储液/气罐→手动切断阀→电动切断阀→蒸发器→压力(高压)调节器→低压指示开关(车辆制造厂负责提供)→低压滤清器→低压调节器→燃料切断阀。当然,车辆燃料系统与发动机燃料系统的分隔并不绝对,如在康明斯 B G Plus 发动机上低压滤清器可以安装在发动机上,也可以安装在车架上;二级(低压)调压器与燃料切断阀就都安装在发动机上。

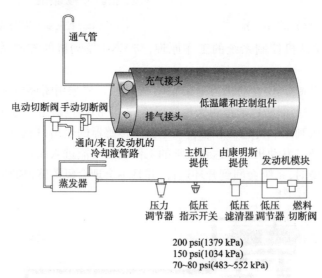

图 3-17 典型 LNG 车辆燃料系统示意图

发动机部分的燃料路线为:燃料切断阀→燃气质量流量传感器→燃料控制阀→混合器→节气门→汽缸。

位于 LNG/LPG 蒸发器前面的所有管路、阀和接头承载液态燃料,并且必须能在低温下使用。这些部件和接头不建议采用弹性材料,如橡胶、特氟龙、尼龙、塑料、铁和碳钢,建议使用不锈钢、铜和黄铜材料。蒸发器后面的管路只需承载满足发动机要求的气体,推荐使用耐腐蚀性管接头。如果储液罐内的压力超出了规定,减压阀(安全阀)将甲烷排入大气。为了把溢出的燃料排到乘客和驾驶室的上方,必须提供一个排放总管。除了排放过程以外,减压阀必须始终保持在无霜状态。排放口的设计采用了盖和弯头,以防止雨水侵入。蒸发器的尺寸和规范由储液罐制造商确定;蒸发器的冷却液管路中不得加装任何阀,以免冷却液为阀切断而造成故障。由于燃料流量的变化,流出蒸发器的燃料温度也会有所变化。在储液罐与蒸发器之间,除了应设置一个手动切断阀以外,主机厂还应设置一个电子切断阀,从而增强系统泄漏或碰撞破坏的安全性。如果液态燃料被截留在手动切断阀与电子切断阀之间,则会导致极高的压力。燃料会产生沸腾和膨胀现象,电子切断阀可以把燃料回流到储液罐或排放到大气中。

CNG 储气罐如图 3-18 所示,每个储气罐都有一个手动切断阀,拆卸任何车辆燃料部件前,应先切断储气罐对燃料的供应。通常都为加气站的操作员配备了储气罐压力表,压力表读数表示储气罐的加气程度。手动切断阀与压力表如图 3-19 所示。

管道压力–30~50 psig(207~345 kPa)
储罐压力–3000~3600 psig(20685~24820 kPa)

图 3-18　CNG 储气罐

图 3-19　手动切断阀与压力表

流出储气罐的燃气首先进入一个高压滤清器(图 3-20),该滤清器用来防止污染物损坏一级调压阀。一级调压阀(图 3-21)把储气罐燃气压力降低到发动机需要的压力,康明斯建议把该调压阀设定在 413.7 ~ 1034.2kPa。调压阀通常需要冷却液加热,以免燃气减压膨胀中结冰。该阀的冷却液管路中不得加装任何阀,以免冷却液流被阀切断而结冰造成故障。

图 3-20　高压燃料滤清器

图 3-21　一级调压阀

在对高压滤清器滤芯进行维护前应做好维护措施,切断燃料供应并释放滤清器压力。释放燃气压力可以在切断燃料供应的情况下短时间起动机拖动发动机来实现。天然气燃后进入一级压力调节阀(高压减压器)。天然气在储气罐内的压力高达3~20MPa,第一级压力调节阀把天然气压力降至700~900kPa。经第一级减压的天然气再流经一个低压滤清器,再进入安装在发动机左侧的二级压力调节阀。第二级(低压)调压阀向燃气质量流量传感器与燃料控制阀提供几乎恒定的压力,在恒定的压力下,ECM可以计算出燃料控制阀提供必要燃料流量所需的开度。低压调压阀用颜色来区分不同的压力设定。

燃料切断阀(图3-22)由ECM控制,允许或切断对发动机的燃料供应。此阀位于燃料系统低压侧,不能用于控制液体。燃气从此由车辆的燃气系统进入发动机的燃气系统。燃料切断阀是一个常闭阀,当打开点火开关给燃料切断阀供电,该阀打开,允许燃气通过。燃气接着进入一个由康明斯随发动机提供的旋装式低压天然气滤清器(图3-23),这个旋装式低压天然气滤清器可除去天然气中0.1μm及以上的机油蒸气和杂质。必须每天排放该滤清器以避免机油进入燃气系统。低压燃料滤清器可防止燃料污染物损坏发动机燃料系统部件。这种旋装式滤清器底部有一个排污阀,排污时应用一个容器接住排放出的污物,避免污染环境;滤清器需定期更换,更换时用专用扳手拧下滤芯;安装新滤芯时应用少量润滑脂润滑密封圈,再按规定力矩拧紧。

图3-22 燃料切断阀

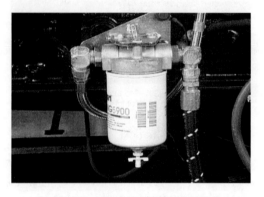

图3-23 旋装式低压天然气滤清器

第二级(低压)压力调节阀(图3-24)将燃料压力降至燃料控制阀所需的压力。康明斯BG Plus等发动机所使用的压力调节阀是一个常开的弹簧加载阀,该阀可根据出口压力的变化自动调节燃气通道截面积,即调节燃气的流量,进而起到自动调节输出压力的作用。

天然气在流入燃气质量流量传感器之前,先流经一个有极细网眼的滤网(图3-25),此滤网帮助消除燃气流的气流扰动。燃气通道中有一个节流装置,该装置可使大约10%的天然气流过燃气质量流量传感器的热电阻(图3-26)。燃气质量流量传感器通过测量燃气流过两个电加热式热电阻的冷却效应来计算流入发动机的燃气量。传感器向ECM发送一个与流过燃气量成比例的信号,ECM根据此信号调整进入发动机的燃气流。流过热电阻的燃气与其余的燃气重新汇合。此传感器是一个热线式传感器,可以测量使热电阻保持恒定温度状态所消耗的电功率。随着流过热线的燃气流量增加,就需要更大的功率才能使其维持在恒温状态,所以热电阻保持恒温所消耗功率的大小就对应着燃气流量的大小。

燃气然后流向燃料控制阀(图3-27),ECM根据排气氧传感器和燃气质量流量传感器的信号来确定应送至发动机的燃气量以及此燃料控制阀的开启量。该阀为常闭式脉冲宽度调制电磁阀,燃料控制阀接收到 ECM 发送的信号后,电磁阀会将阀推离阀座,天然气就流入混合器(图 3-28),流量由 ECM 信号的工作负载循环决定。燃料控制阀(图 3-29)通过改变进入混合器的燃气量来改变进入发动机混合气的空燃比。CNG 发动机和 LPG 发动机燃料系统的主要差别就在于燃料控制阀的不同,两种不同发动机的燃料控制阀不能互换。

图 3-24　第二级(低压)压力调节阀

图 3-25　燃气质量流量传感器前的细网眼滤网

图 3-26　热线式质量流量传感器的工作

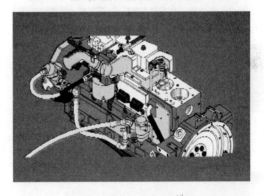

图 3-27　燃气流向燃气控制阀

图 3-28　燃料控制阀的工作

图 3-29　燃料控制阀

混合器将天然气导入进气流中(图 3-30),流过混合器后,形成空气与燃气的混合气,流经节气门总成;节气门执行器控制节气门的位置,ECM 向执行器发送 PWM 信号来控制节气门开度;ECM 利用测得的节气门位置控制燃料供应。燃气然后经进气歧管、进气门,进入汽缸(图 3-31)。

在每次更换储气罐/储液罐、更换滤清器或打开燃料系统管路进行维修之后，都应使用肥皂溶液或燃气检测仪（图3-32）检查系统接头是否有泄漏（图3-33）。国内生产商常要求使用密封胶来避免燃料泄漏。

图3-30　燃气与新鲜空气在混合器中混合

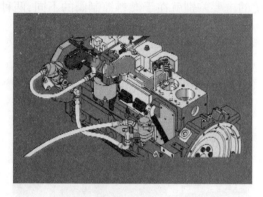

图3-31　混合气流经节气门进入汽缸

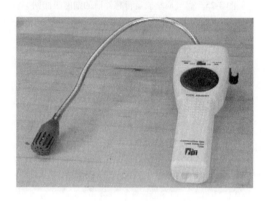

图3-32　燃气检测仪

图3-33　燃气泄漏检测

如果发动机存在与燃料有关的性能问题，则很可能因燃气质量流量传感器的滤网被污染所引起，此时需使用康明斯规定的安全溶剂或脱脂剂清洗滤网（图3-34），清洗时不要拆卸滤网，清洗完毕，等零件风干后再行安装。如果无法清洗，则应更换传感器。

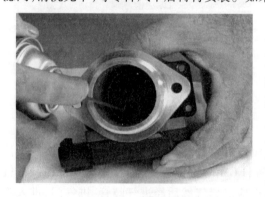

图3-34　清洗燃气质量流量传感器滤网

为了防止燃气质量流量传感器重新组装后再次受到污染，应检查整个进气系统有无机油。如果机油通过泄漏的涡轮增压器密封或曲轴箱通风系统进入进气系统，就需要拆卸空—空中冷器进行清洗。机油污染还会影响氧传感器的工作，因此需拆卸并清洗整个进气系统，包括节气门总成和进气歧管。修理燃料控制阀时，应更换所有O形密封圈和矩形密封；安装时应在O形密封圈上涂抹一薄层润滑剂。在打开点火开关，发动机不运转时，使用天然气检测仪检测低压调压阀后盖通气孔有无燃气泄漏(图3-35)。如发现泄漏,则更换低压调压阀。

将量程为0~689.5kPa的压力表连接到低压调压阀底部的快速接头(也可以使用康明斯服务软件INSITE监测此压力)。使发动机怠速运转后再以额定转速满载运转,测量燃气压力(图3-36)。如果燃气压力不在规定的范围,则按照规范步骤,核实高压调压阀的燃气供应压力。

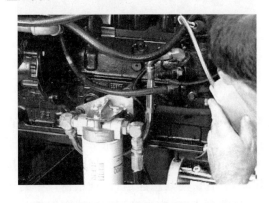 

图3-35　检测低压调压阀后盖通气孔燃气泄漏　　　　图3-36　测量低压调压阀输出压力

如果发动机加装了排气催化转化器,其排放可满足欧Ⅳ要求,但排气背压必须符合规范要求。排气管道中催化转化器的布置应便于排气背压的测试以及对转化器芯的目视检查。

康明斯发动机要求OEM设置最小压力约为0.34MPa的低燃料压力指示开关,当供应至发动机的燃料压力低于0.34MPa时亮起低压指示灯,提醒驾驶人及时加气。

发动机燃料系统的供应设计用于将适当压力的燃料气体送至发动机,从发动机燃料进口开始,CNG和LNG的燃料系统完全相同。

康明斯天然气发动机所使用的天然气的甲烷值不低于80,甲烷值表示了燃料的爆震倾向,如同汽油的辛烷值。此外燃料还必须符合热值的最低标准。

四 天然气发动机点火系统

康明斯B系列CNG发动机与LPG发动机的点火系统完全相同,下面主要介绍该系列发动机的点火线、高压线与火花塞的检测。

两个点火线圈组件安装在发动机左侧靠近顶部的地方,如图3-37所示。每个线圈组件有3个独立的线圈(图3-38),每个汽缸都有其各自的线圈,线圈组件内部的点火线圈采用铁芯叠片结构。线圈组件内部的各个线圈能放大点火控制模块信号,并使火花塞点火。从线圈送至火花塞的电压为7000~2500V。ECM触发后,ICM电容器提供的300V电压就会流过其中一个线圈的初级绕组,随着此线圈初级绕组中的电流产生磁场,次级绕组中就会产生感应电压。次级绕组的感应电压在克服火花塞中央电极和火花塞搭铁端之间的间隙产生的阻力之前会逐渐升高。火花塞高压线的作用是为了将高电压从线圈组件送至火花塞。为了判断点火线圈是否正常工作并产生火花塞跳火所需的高电压,推荐使用点火系统测试组件(图3-39)。当使用点火线圈测试工具时不要尝试对测试工具进行调整。点火线圈测试工具已经预先设定,不可调整。调整测试工具可能会损坏工具。

线圈组件

图3-37 点火线圈组件位置

图3-38 点火线圈

如果发现发动机运转不平稳并伴有功率下降，很可能是点火系统产生了故障。要检查点火线圈是否有故障，可从线圈上断开火花塞高压线，将线圈测试工具直角端卡在测试端子上，将测试工具弹簧夹连接到适当的搭铁（图3-40），布置点火线圈测试工具线路，使其不接触发动机上任何可能产生电弧的任何接触面。起动发动机，使其怠速运行，观察窗口中的火花（图3-41），稳定的火花表明线圈合格；如果没有观测到火花，应更换相应的线圈组件并重新测试。检查点火线圈组件有无裂纹、腐蚀，接头触针是否损坏，以及高压卡子是否损坏。

要检查高压线，应先清洁防尘套内的污垢或油脂，使用数字万用表测量高压线的电阻，高压线电阻必须为2～15kΩ（图3-42）。使用外用酒精和软棉布清洁火花塞防尘套内外，检查高压线防尘套有无腐蚀、开裂、有无磨损或烧伤。

点火线圈测试组件

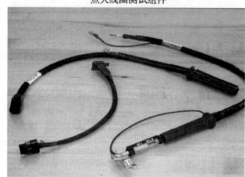

图3-39 点火系统测试组件

图3-40 安装点火线圈测试工具

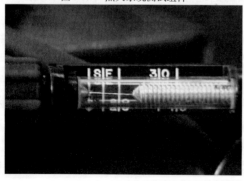

图3-41 观察高压火花

图3-42 测量高压线电阻

拆卸火花塞时,先拆卸高压线,吹出火花塞腔内的灰尘或碎屑。使用磁性火花塞套筒拆卸火花塞,不要使用橡胶套的火花塞套筒。在火花塞上做好标记或系上标签,注明是从几号汽缸上拆下的。使用清洁的火花塞间隙检查工具,保证火花塞间隙符合技术规范(图3-43)。目视检查火花塞,保证搭铁电极与中央电极垂直,沿火花塞中心线对正。如果不能对正电极,应废弃该火花塞。检查火花塞绝缘体有无火花烧灼的痕迹、结垢或电极磨损、绝缘体开裂或电极错位的迹象。如果火花塞有铝的痕迹,则表明活塞损坏;如果发现火花塞有这些迹象中的任何一个,必须将其更换。使用适用的火花塞安装工具,将其紧固至技术规范,再在高压线一端火花塞防尘罩的内外壁都涂抹一薄层绝缘润滑脂,安装好高压线。

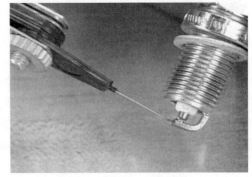

图3-43 测量火花塞间隙

五 天然气发动机专用机油与闭式曲轴箱通风

康明斯天然气发动机应使用专用的机油,康明斯对天然气发动机机油的API(美国石油协会)指标制定了详细的规定。不得在康明斯天然气发动机上使用柴油机机油。如果使用柴油机机油就会导致气门烧伤、活塞擦伤并缩短火花塞寿命。需要注意的是,天然气发动机机油与柴油机机油不同,天然气发动机机油颜色在使用中不会变深,看起来也不浑浊,但两次换油间隔中累计的污染物是一样的,所以应始终根据使用维护规程来更换机油,而不是根据机油外观来确定换油间隔。

闭式曲轴箱通风系统:美国环境保护协会(EPA)要求1998年1月1日后生产的所有汽车用天然气发动机都必须配备闭式曲轴箱通风(即CCV)系统。所谓闭式曲轴箱通风系统由曲轴箱排出的含有润滑油蒸气的气体不再通向外界大气中,而是进入一个油气分离器,在油气分离器中,机油被分离出来流入分离器底部,再经过一个止回阀流回到曲轴箱内,该止回阀可确保曲轴箱内的机油不会逆流到油气分离器中;而分离后的空气则流入增压器压气机的进口,与新鲜空气一起进入汽缸参与燃烧。油气分离器与曲轴箱之间还有一个压力调节器,此装置可确保因进气压力的较大波动不会使曲轴箱内的压力出现很大的变化。油气分离器上设有一个旁通阀,当分离器堵塞,进口与出口之间的压力差超过设定的值时,旁通阀打开,从曲轴箱流出的气体便不经油气分离而直接流向增压器压气机。油气分离器的顶部设有一个阻力指示器,当分离器阻力过大时,阻力指示装置变红,提醒驾驶人更换油气分离器滤芯。通常油气分离器要求每隔6个月或28968km或阻力指示装置变红时更换。

六 实训——天然气发动机

1 实训说明

天然气发动机因其所使用的燃料为天然气,其控制系统与柴油机的控制系统相比多了一些传感器,如:燃气质量流量传感器、第一级燃气压力传感器、混合器进口压力传感器、排气背压传感器、第二级燃气压力/温度传感器、爆震传感器、排气氧传感器、湿度传感器,点火控制模块以及燃料控制阀等。

2 任务实施

1)天然气发动机认识

(1)任务说明。

天然气发动机的认识主要包括对其控制系统的认识、燃料系统的认识以及点火系统的认识三部分。控制系统的认识包括对所有传感器及其安装位置的认识;燃料系统的认识包括从储气罐(储液罐)开始,直到进入汽缸的流程以及其中的传感器和执行器;点火系统的认识包括点火控制模块、高压线、火花塞以及点火系统测试组件的认识。

(2)任务准备。

①CNG/LNG 发动机试验台架。

②点火系统测试组件;数字万用表。

(3)步骤与要求。

①在 CNG/LNG 发动机试验台架上指出所有传感器、处理器和执行器的具体位置。

②指出燃料从储气罐(储液罐)开始流入汽缸的具体流程,以及指出途径的传感器、执行器的名称。

③在试验台架上指出点火控制模块、点火线圈、高压线和火花塞;认识点火系统测试组件,掌握其使用方法。用数字万用表测量高压线电阻。

(4)注意事项。

不得野蛮使用、不得试图调整点火系统测试组件。

2)天然气发动机点火系统故障诊断

(1)任务说明。

天然气发动机的故障诊断内容比电控柴油发动机多了点火系统的故障诊断,而点火系统的诊断方法与汽油发动机点火系统的故障诊断基本相同。点火系统的故障相对而言比较容易判断,具体故障部位的判断因为有点火系统测试组件的帮助,也较容易。其他基于故障码和故障症状的诊断方法,与电控柴油发动机一样。

(2)任务准备。

①CNG/LNG 发动机试验台架。

②点火系测试组件;数字万用表。

③模拟一个火花塞失效故障。

④实验室通风。

(3)步骤与要求。

①短时间起动发动机,症状为发动机运转不均匀,排气有"突突"声,无故障码。

②故障分析:如果为燃料系统故障,则发动机不能起动或所有汽缸工作不正常,现只有个别汽缸工作不正常,判定为点火系统故障。

③用点火系统测试组件测试点火线圈,观察到高压火花正常,判定点火线圈正常。

④用点火系统测试组件逐一测试火花塞,找出失效的火花塞。

⑤用手感觉工作正常与失效火花塞绝缘体表面的温度是否一样,思考其原因。

⑥更换失效的火花塞,起动发动机,确认故障排除。
(4)注意事项。
①避免长时间运转发动机。
②注意实验室通风。
③注意安全。

七 学习评价

1 理论考核

1)名词解释
(1)CNG。
(2)LNG。
(3)LPG。
2)判断与分析
(1)天然气发动机到了换机油间隔时,机油颜色一点没变,也需要更换机油吗?
(2)爆震传感器能否换地方安装?
3)简答题
(1)燃气流量传感器滤网有油污会产生何种后果?
(2)天然气发动机为什么要采用闭式曲轴箱?

2 技能考核

使用点火系统测试组件检测点火系统故障。

八 拓展学习——电控系统故障诊断技术基础

彻底分析客户的抱怨是故障判断成功的关键,从抱怨中得到的信息越多,问题就解决得越快、越容易。

为了方便维修人员进行故障排查,各发动机生产厂商都在维修手册上提供了丰富的故障树。查找故障的过程中,会遇到各种可能,就像一棵树的分叉,不断排除一个个可能的因素,最后找到故障终点,所以把这种过程结构称为故障树。故障树针对某一故障现象或故障码而设计,故障树的设计原则是先做最容易的事和最符合逻辑的事,逐步查找解决故障。故障树不可能包括所有可能发生事情的解决办法,然而可以启发思路,从而找到故障的原因并给予排除。

一些基本的故障判断的步骤是:
(1)收集所有关于抱怨的真实信息。
(2)彻底地分析故障。
(3)把故障症状与基本发动机系统和部件联系起来。
(4)分析最近任何可能与抱怨有关的维修行为。
(5)在开始拆卸前再次进行检查。

（6）利用故障树首先做最容易的事来查找问题。

（7）确定故障原因并进行彻底维修。

（8）在完成维修后，运转发动机，确保故障已经彻底排除。

1　基本检查项目

当进行电路和控制系统的故障排查时，首先应用手拉拔检查传感器与线束之间的插头，以确认是否可靠连接。接着通常会进行下列五个方面的基本检查。

1）供电电源的检查

正确的电源供应是电子控制系统元件正常工作的必备前提。没有电源供应或者错误的电源供应都会导致系统不能工作或工作不正常。在整个控制系统中，ECM由蓄电池供电，其大部分元件由ECM提供工作电源。输入设备一般由ECM提供5V直流工作电压，输出设备的工作电压也由ECM提供。常见的电源故障包括由于插头损坏等造成的电路虚接、熔断丝的熔断和错误的接线等。

2）导通性检查

导通性检查是电子控制系统最常用的检查项目。导通性检查测量两点之间的电阻值，用于确认两点之间是否导通，这是将实际的电路连接和电路图进行对比的有效手段。不同的发动机生产厂商的技术规范对导通的要求可能不同，康明斯技术规范对导通的要求是两点之间的电阻值小于10Ω，而丰田技术规范对导通的要求是两点之间的电阻值小于1Ω。

3）对地短路检查

发动机和车辆的电路连接一般采用负极搭铁的方式，即存在一个公共的负极，所有需要回路负极的元件的负极都接入这一公共的负极。这样可以大大简化系统接线的复杂程度。蓄电池的负极和这一公共的负极相连形成回路。对发动机而言，这一公共负极是机体、缸盖；对整车而言，公共的负极为车架大梁。

对地短路是指电路上的某点按电路设计要求不应该搭铁而实际电路已经搭铁的故障。电源线（电源正极）的对地短路会造成熔断丝熔断等故障。不同的发动机生产厂商的技术规范对开路的要求也可能不同，康明斯技术规范对一般电路开路的要求是两点之间的电阻值大于100kΩ。

上述的导通性检查和对地短路检查都属于电阻的测量，在测量时一定要断开电阻一侧的电路再用万用表测量。

4）线与线短路检查

与对地短路相似，线与线之间短路是指两点之间按照电路设计的要求不应该导通而实际导通的故障。和对地短路技术规范一样，康明斯技术规范通常要求两点之间的电阻值大于100kΩ。

5）元件功能检查

由于电路元件的多样性，元件的功能检查需根据实际的元件采取不同的方法。如温度传感器可采用测量其电阻的方法；压力传感器需要专用的测试导线测量其工作时的信号电压；对电磁阀可以设法接通和断开电源听其反应声响或观察其动作反应。在无法对元件的功能作出正确判断时，一个通用的办法是用一个确认功能正常的元件来替换怀疑的对象，再观察系统的工作状况。

稍具有电路图基本阅读能力的人都可以读懂传感器或发动机的接线图,也能很方便地找到电控柴油机上 ECM 的位置,对接线图所示的传感器信号线、回路线所对应的发动机线束接头的端子号心里也很明白,由于 ECM 线束接头卸下后的视图与接线图上的视角相反以及 ECM 上有多个接头,所以进行实地测量和连接测试导线时找错线束接头或在线束接头上找错端子号的情况经常发生。对于这种低级错误只要细心就不难避免。

需要强调的是在诊断维修的整个过程中,安全是一个需要时时刻刻注意的重要问题。

虽然维修技师应该认真听取客户对发动机的介绍,但对于客户的谈话,维修技师也应该保持一定的独立思考。有时候明明是一辆车油箱空了以后,空气进入燃油油路,再加油后便无法起动的简单故障,但客户隐瞒了实情,误导维修人员到处查找,找不到故障原因,最后回到排放空气的思路上来,浪费不少时间。客户也可能会隐瞒其使用劣质柴油、劣质机油、劣质滤清器和日常不排放油水分离器中的水分而造成发动机故障的事实。

② 基于故障码的故障诊断方法

柴油发动机电控系统的故障通常可分为有故障码与无故障码(仅有故障症状)两种。其故障诊断的方法也就分为基于故障码的诊断与基于故障症状的诊断两种方法。

发动机的控制系统可以显示并记录超出正常工作范围的工况,这些工况以故障码来表示。故障码的出现无疑为故障诊断提示了一个方向,使得故障查找和排除更加方便。这些故障码被记录在 ECM 中,可以使用故障诊断仪/服务软件或安装在控制面板上的故障指示灯来读取这些故障码。注意如果故障码指示了某一传感器的信号问题,其原因可能是传感器故障、也可能是插头接触不良、线束问题或 ECM 故障,还可能是因为传感器松动或安装不正确等原因。当 ECM 记录下某个现行故障码时,可使用与之对应的按故障码分类的故障诊断与排除树。

在有故障码的情况下,读取故障码可通过专用/通用故障诊断仪一次读取,也可以通过故障指示灯和故障诊断开关逐一读取。在具有专用故障诊断仪(服务软件)的情况下,可以利用服务软件强大的支持功能,按照服务软件对该故障码的提示,逐步查找故障根源;如果没有专用故障诊断仪/服务软件的情况下,则需要查找故障诊断手册,或者按照故障码表中指示的原因,逐步查找。故障码就是"迹",故障码的存在使故障诊断的过程变得有迹可循。随着技师/工程师经验的积累,查找故障的速度会逐步提高。由于非康明斯内部服务工程师或非康明斯代理商通常无法获得康明斯 INSITE 服务软件以及如何使用该软件的培训,在这种情况下可以通过故障指示灯来读取故障码,再根据故障诊断手册的指示进行故障诊断。

传感器产生信号,由线束传递到 ECM,再由 ECM 进行采样处理,这三个环节中的任何一个环节产生故障,都可能会产生故障码,并由 ECM 记录下来。对于这些因信号电压异常产生的故障码的诊断,可以采用故障码状态改变法来快速诊断故障是因传感器、线束还是 ECM 出现了问题。故障状态改变法就是根据产生故障的原因,人为给传感器信号端或该传感器的 ECM 信号端引入相反的电压信号,再观察故障码是否变化来快速判断故障根源。理解并掌握故障码状态改变的原理,可极大提高对该类故障的诊断效率。具体方法将在单元四的实训项目中详细介绍。

要对一台电控柴油机的控制系统进行基于故障码的故障诊断,基本的检查手段包括接线图、数字万用表以及与线束端子、插孔或接头相配的测试导线与维修手册,最好还有服务软件的支持(包括网络资源),为现行故障码的诊断提供帮助。

康明斯 INSITE 服务软件可以提供很多其他有用信息,帮助维修技师排除故障,在此同时,计算机屏幕还显示出一些其他按钮。单击电路图说明按钮就会显示出与此故障相关部件的电路图;单击部件位置按钮,就会显示一幅图片,说明与此故障相关部件的物理位置;单击大修提示按钮,就会显示该故障的一些补充信息以及有帮助故障排除的提示;单击注意与警告按钮,显示与排除故障相关的注意或警告;单击条件按钮,显示进行故障排除前的任何预备要求;单击操作按钮,则显示进行故障排除时所要采取的具体操作。

❸ 基于症状的故障诊断方法

并不是所有的电控系统故障都会有故障码产生,在没有故障码,即仅有故障症状的情况下,通常需要一定的经验和专用故障诊断仪或服务软件的支持,对一些有关的参数进行监测,才能快速、有效地查找故障根源。就像医生看病时,需要根据患者特定的症状,进行一些特定指标的化验来帮助确定病因。如果没有这些特定的化验指标,医生要确定患者的病因就变得比较困难。仅有症状的故障诊断,如果没有专用故障诊断仪或服务软件的支持,就无法去监测一些相关的参数,此时就像医生不能获得一些特定指标的化验结果一样,对发动机的故障诊断就会无从着手。

当发动机产生故障,而又没有与该故障对应的现行故障码时就需要按症状查找的故障树,故障树的结构可以是首先进行一些常规检查,也可以是对特定部件进行一些简便的检查。实际上,机械系统故障的诊断都是基于症状来进行的。根据症状来查找故障需要一定的经验,需要熟悉引起这些症状的可能原因,再由外到内,由简到繁,由易到难逐步进行。

对于没有故障码的故障,发动机生产厂商也会给出故障查找指南。这些指南因为考虑到种种因素,完全按照上面的步骤去做,会感到非常烦琐。就像病人去医院看病,医生通常都会根据病人的症状做各种化验和全面检查,通过检查结果中一些指标的异常来推断可能的疾病原因一样。同样,在根据电控柴油机的症状去查找故障原因的时候,也需要去检查一些指标,而这些指标就是各种传感器和开关的输入。

在查找诸如发动机无法起动之类的故障时,有必要监测起动起动机期间的各种重要参数,来帮助查找故障。假如当曲轴转速/位置传感器和凸轮轴位置/转速传感器同时发生故障时,发动机无法起动,因为 ECM 未能检测到转速/位置信号,即使油轨压力已经超过设定低限,也不可能发出喷油指令,此时发动机当然无法起动。如果发现没有转速信号,这就找到了方向,再通过进一步的检查测试,就不难找到故障原因和排除故障。电控发动机的维修技师一定要掌握通过参数监测的方法,快速找出有用信息,明确故障查找方向的方法。

康明斯的 INSITE 服务软件安装在计算机上,一次可以在参数列表中选择多个参数进行监测,使用起来要比一些诊断仪要方便,功能也强大得多,包括提供所有各种系列发动机基于故障码以及症状的故障查找指南、故障诊断中的注意事项以及警告信息等。下面是不带 EGR 的康明斯 ISBe、ISB 和 QSB(CM800 和 CM800 电控系统)发动机基于症状的故障诊断例子。

发动机性能故障诊断树——不带 EGR 的 ISBe、ISB 和 QSB 发动机(CM800 和 CM800 电子控制系统)。

症状:
(1)发动机加速性能或响应差。
(2)发动机起动困难或不能起动(排气冒烟)。
(3)发动机起动困难或不能起动(排气不冒烟)。
(4)发动机输出功率低。
(5)发动机怠速运转粗暴。
(6)发动机运转粗暴或缺火。
(7)发动机低怠速或高怠速时悠车。
(8)发动机带负荷时或在工作范围内悠车。
(9)大量冒黑烟。
(10)大量冒白烟。
(11)发动机停机或意外熄火或减速过程中熄火。
(12)发动机减速缓慢。
(13)发动机能够起动但不能保持运转。
(14)发动机达不到额定转速(r/min)。
(15)进气歧管(增压)压力低于正常值。
(16)发动机振动过大。

此症状树可用于诊断及排除上面列出的所有发动机性能故障症状。从进行故障诊断开始,根据症状,将会询问一系列问题,并提供出需进行的一系列故障诊断步骤。

使用康明斯 INSITE 服务软件可以简单、方便地检查有无故障码、执行测试、监测数据以及检查特性和参数。使用此故障诊断树定期检查故障码时建议令 INSITE 服务软件保持连接状态。如果故障诊断树的使用过程中任何故障码变为现行状态,则应停止使用此故障诊断树,并对现行故障码进行故障诊断。如果没有 INSITE 服务软件,通过指示灯的闪烁,也可以检查有无故障码,但无法进行参数监测,而参数监测对无故障码的故障诊断非常重要。

功率低是一个用于描述很多不同性能问题的术语。功率低是指在给定的负载、坡度、风速等条件下,发动机不能产生足够的功率使车辆在要求的合理速度下行驶。装备工业用设备后,低功率可能与此设备丧失获取或保持负载的能力有关。

加速性能或响应差表示车辆从停止状态或坡底时无法得到满意的加速性能。在小于额定速度和负载的情况下试图超过其他车辆时会出现加速滞后。加速性能或响应差的症状很难进行故障诊断,因为这种症状可能由若干因素造成。

电控柴油机控制系统的故障,不管是否有故障码,都会通过一些参数的异常而表现出来,即使是喷油器针阀卡死的机械故障,也可以通过 ECM 测试项目中的断油测试而表现出该汽缸工作异常。电控柴油机的维修技师就要像医生一样,使用诊断仪去监测一些有关的参数,迅速从参数的异常中找到故障原因。熟练使用诊断仪或服务软件来监测电控柴油机各项参数,是一个合格的维修技师的基本技能之一。

应该强调的是现在工程机械和汽车修理行业已经进入了换件修复的时代,特别是控制系统发生故障的部件,通常不具有可修理性,维修技师只需找出控制系统的故障源头,即哪个零部件发生了故障,确认新部件完好,用新部件更换故障部件,再确认故障已经排除。

单元四　电控柴油机其他系统的控制

学习目标

1. 了解废气旁通、可变叶片与可变喷嘴环涡轮增压器的基本原理；
2. 了解发动机制动技术的分类；
3. 了解发动机压缩释放制动的基本原理；
4. 了解 Centinel 机油控制系统的基本原理与优点；
5. 掌握进气加热的原因与停止进气加热的准则；
6. 了解进气加热时继电器的作用；
7. 理解进气加热器与起动机不能同时工作的原因。

一 涡轮增压

涡轮增压柴油机在大负荷、高转速工况下运转时具有输出功率大、经济性好的特点，但车用柴油机常常在低转速、大转矩工况下运行，需要较高的转矩储备系数。普通增压柴油机的转矩特性比较平坦，随着增压度的提高，其转矩特性变差，不能满足车辆的要求。涡轮增压柴油机在宽广的转速范围内运行，固定流通截面的高压比涡轮增压器在发动机低转速时，其高压将明显下降，不能与发动机在整个运转工况下保持良好的匹配。传统涡轮增压器的涡轮喷嘴截面积或进气通道截面积的大小是固定的，因而难以同时满足发动机低速和高速时各种工况下的要求，如果保证了发动机在最大转矩点具有足够的增压压力，则在发动机标定转速时增压压力就会过高，使发动机和涡轮增压器的机械负荷和热负荷过大；若只考虑标定转速时所需的增压压力，则在发动机低速时增压压力过低，不能保持足够的转矩。对涡轮增压器进行调节的目的就是既保证发动机在低速时具有较高的转矩，又能保证发动机在标定转速时的增压压力不致过高，不会对发动机产生过高的机械负荷与热负荷，保证发动机的正常工作寿命。通过对涡轮增压器的调节，可改善增压器与发动机的匹配，从而改善车用增压发动机转矩特性，还可改善发动机部分负荷性能以及有利高原地区发动机功率的恢复。可调增压器采用电控技术，可实现全工况范围内发动机与增压器的最佳匹配，从而达到发动机性能的全面优化。

目前柴油发动机废气涡轮增压器通常有如下 3 个途径去调节:废气旁通;可调叶片;可调喷嘴环。

1 **废气旁通式涡轮增压器增压压力的控制**

废气旁通阀的开启可以直接由增压压力控制,也可以通过一个调节阀控制流入旁通阀执行器的开启压力来控制。一种废气旁通式涡轮增压器压力控制阀如图 4-1 所示。

这里以康明斯 ISM 电控发动机上所采用的 Holset HX55 型涡轮增压器为例,来说明其对增压压力的控制。

该增压器设有一个四级废气旁通控制阀,这个控制阀分四个不同的阶段把压力传递给执行器,此四级控制特性大大改善了对增压压力的控制能力。保存在 ECM 中的表格用于确定当前的发动机转速和供油指令的相应废气旁通阶段,ECM 向两个废气旁通控制阀发送信号,将废气旁通控制执行器置于所需要的阶段,这样可以使气流更好地与发动机转速和供油相匹配。

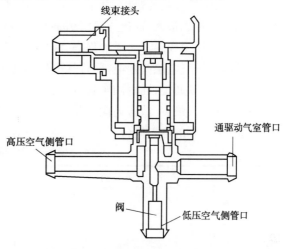

图 4-1 废气旁通式涡轮增压压力控制阀

四级废气旁通控制阀包括一个废气旁通压力控制块,一个进气电磁阀和一个排气电磁阀,控制块上设有两个进气计量孔和两个排气计量孔,每个计量孔都有精确的规格设定,以便通过规定的气流量。其中一个进气孔不受控制阀位置的影响,此计量孔提供了一个气流通道,以便增压压力随时进入控制阀;其中一个排气计量孔也不受控制阀位置的影响,此排气计量孔随时允许部分空气从控制阀中排出,如图 4-2 所示。

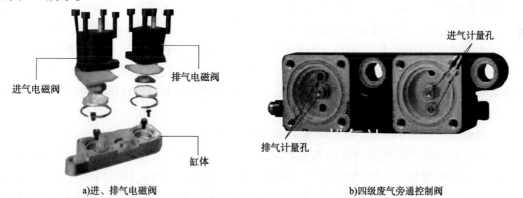

图 4-2 Holset HX55 型涡轮增压器的压力控制

第一步:在给进气电磁阀通电,排气电磁阀断电后,进气流经两个进气计量孔进入公共通道,而少量空气流经排气计量孔排出,这样大部分气流进入了废气旁通执行器,此时旁通阀最易打开,所以增压压力最低。

第二步:进气电磁阀和排气电磁阀都断电,此时进气流经过那一个打开的量孔进入公共通道,然后一部分气流通过那一个打开的排气量孔排出,其余气流进入废气旁通执行器。这样的进气量与第一步相比,因为只有一个进气量孔通道,从而进气有所减少,而排出的部分气流保持小流量不变,因而进入废气旁通执行器的气流有所减少,故旁通阀较难开启,所以增压压力有所增高。

第三步:两个电磁阀都通电。在这一位置时,两个进气量孔同时进气进入公共通道,部分空气经两个排气量孔排出,其余气流进入废气旁通阀执行器。与第二步相比,此时进气量最大,而排气量也最大,而进入废气旁通执行器的空气较第二步有所增多,故旁通阀更难开启,所以增压压力较第二步更加提高。

第四步:进气电磁阀断电,而排气电磁阀通电。在这一位置时进气流通过那一个打开的计量孔进入公共通道,而因两个排气计量孔都打开,所以排出的空气量最大,即进入废气旁通执行器的空气最少,故旁通阀最难打开,所以增压压力最高。

这四个步骤的电磁阀位置及增压结果见表4-1。

四个步骤的电磁阀位置及增压结果　　　　　　表4-1

步　骤	进气电磁阀	排气电磁阀	结　果
1	通电	断电	最大进气量,最小排气量,进入废气旁通执行器压力最大,增压最小
2	断电	断电	最小进气量,最小排气量,进入废气旁通执行器压力较大,增压较大
3	通电	通电	最大进气量,最大排气量,进入废气旁通执行器压力较小,增压更大
4	断电	通电	最小进气量,最大排气量,进入废气旁通执行器压力最小,增压最大

2 可变截面涡轮增压器增压压力的控制

目前常见的可变截面涡轮增压器通常通过两个途径来改变涡轮机中废气的流通截面。途径之一是可调叶片,由执行器带动蜗壳中导向叶片旋转,改变废气流通截面大小。废气流通截面面积小,排气歧管中压力升高,废气流速加快,涡轮转速就会提高,增压压力也就提高;反之,流通截面面积变大,废气流速降低,涡轮转速也降低,增压压力也就降下来。途径之二通过一个在涡轮侧面可滑动的喷嘴环,来改变喷嘴截面面积,从而起到控制增压压力的效果。

1)可调叶片式增压器增压压力的控制

一种由日产(Nissan)发动机公司与美国 Allied Signal 和 Garrett Automotive Group 公司合作开发的可调叶片式增压器的结构如图4-3a)所示。其喷嘴叶片可绕其中心位置的销轴转动。叶片与销轴焊接成一体,销轴的另一端与一个拨叉相连。拨叉开口则卡在转动环上的销钉上。转动环安装在增压器涡轮壳上,由执行器驱动。当执行器驱动转动环转动时,环上的销钉带动拨叉转动,而拨叉又带动喷嘴叶片转动,从而改变了叶片的角度,也就改变了废气流通截面的大小,这样就改变了废气的流速,进而改变涡轮的转速即改变了增压压力。

这种涡轮增压器早期的可变截面执行机构如图4-3b)所示。其执行机构由两个气缸组成,因为每个气缸有两个位置,所以两个气缸组合就有四个位置,可实现可调喷嘴的四级调节。后来的执行机构改为用一个膜片式气缸驱动,可连续地调节可变喷嘴截面。

ECM 中储存有经过大量试验测定的对应不同负荷与发动机转速所需的最佳增压压力,即所谓的脉谱(MAP)图,ECM 据此发出指令,控制执行器的动力源,实现执行器的动作,达到控制增压压力的目标。

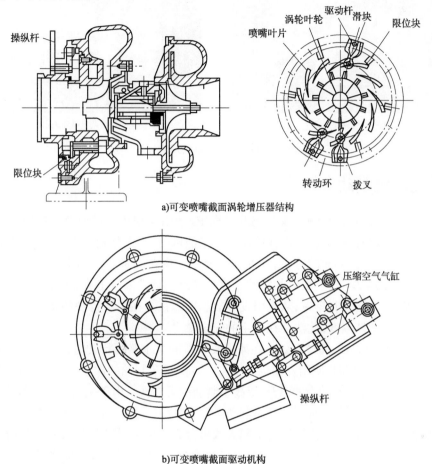

图 4-3 可调叶片式增压器

2) 可调喷嘴环截面

康明斯 ISL CM800 发动机采用 Holset HY 40V 型涡轮增压器,这种增压器涡轮的内侧面有一个可滑动的喷嘴环,一个气动执行器用来控制喷嘴环的位置。发动机左侧安装有一个执行器控制阀,控制进入到涡轮增压器执行器中的空气压力。经过加压的空气进入到执行器控制阀,在 ECM 向执行器发出指令后,流向增压器执行器,空气的压力驱动控制杆,把喷嘴环推动到关闭位置;当 ECM 再发出指令,执行器控制阀排出压缩空气,涡轮增压器执行器的复位弹簧推动喷嘴环回到开启位置。当喷嘴环完全关闭时,涡轮的蜗形出口截面积最小,这就产生了最大的排气歧管压力,涡轮转速和增压压力也达到最大值。当喷嘴环完全开启时,涡轮的蜗形出口截面积最大,排气歧管压力最小,涡轮转速和增压压力达到最小值(图 4-4)。冷却液通过管路流向增压器的中间部分,对滑动喷嘴环密封部分进行冷却。

在康明斯 INSITE 服务软件对 ECM 测试项目内设有对涡轮增压器执行器测试项目,用来检查执行器工作是否正常,这样方便了维修人员对增压器的故障诊断。

a) 可调喷嘴环开启　　　　　　　　　　　b) 可调喷嘴环关闭

图 4-4　可调喷嘴环截面的工作原理

二 发动机制动

发动机制动通常是在车辆下坡行驶的过程中,利用发动机转动时产生的阻力来降低车速的一种技术。这种技术早就运用在使用传统柴油机的中、大型货车上,并不是电控柴油机的专用技术。出于编排方面的考虑,在此作一介绍。现在的货车制动主要还是依靠制动蹄片与制动鼓之间的摩擦,长下坡时的制动摩擦会导致制动鼓温度上升,可能会使制动片过热而导致制动失效,无法控制车速,从而引发事故。国内很多在山区行驶的货车上安装了简易淋水器,以降低制动鼓温度,此法存在一定的安全隐患。

发动机制动操纵方便,简单有效。在冰雪及较滑的泥水路面行驶时,使用发动机制动,可以减少侧滑;在长下坡时,使用发动机制动可以减少行车制动的次数,制动器和轮胎的使用寿命得到延长;还能降低制动鼓的温升,提高了制动的可靠性。由于采用发动机制动时都切断燃油供应,所以能节省燃料。而且发动机制动也不需要特意进行维护,各项成本得到降低。

发动机制动技术按其工作原理的不同大致可分为三大类:排气制动、泄气制动和压缩释放制动。此外,在车辆传动系统中加装电涡流制动装置,也可以有效帮助降低车速。

1 排气制动

国内现在最常见的形式为排气制动。启用排气制动时,切断燃油供应,同时通过关闭设在排气管道中的一个蝶阀,阻止排气流出,提高发动机内部的排气背压,排气管中的压力可升至 0.3~0.4MPa;当此压力升高到克服了作用在排气门上的排气压力和气门弹簧力之后,排气门被顶开,较高的排气背压作用到活塞上,增大了排气行程中作用在活塞上的阻力,增大了制动功率。这种制动方法在进气门开启时,废气会从进气通道反向逸出,产生额外的噪声。当重新踩下加速踏板时,发动机即恢复正常运转。此种方法结构最简单,产生的阻力较小,对降低车速帮助有限(图 4-5)。

2 泄气制动

泄气制动工作时,将排气门打开一个小的间隙,使发动机在压缩行程中通过泄气释放压缩能量,这样在做功行程几乎没有能量返回活塞。而在排气过程中依靠排气蝶阀或可变截面(VGT)涡轮增压器产生的背压来提高阻力。

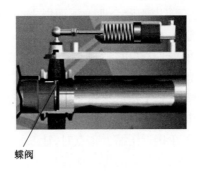

蝶阀

a)排气制动原理　　　　　　　　b)排气总管与蝶阀

图 4-5　排气制动装置与原理

泄气制动按其工作方式可分为被动式和主动式。像国内中国重汽和潍柴的 EVB 产品均属于被动式,其工作原理是当排气制动时废气压力顶开排气门的情况下,再借助一个控制排气门行程的附设机构,保持排气门在泄气制动期间打开一定间隙。主动式泄气制动的工作原理为通过电磁阀控制一个液压装置使排气门在制动期间保持微启。锡柴 6DL2 发动机上采用了此种技术。泄气制动技术所采用的装置比排气制动要来得复杂,发动机产生的阻力比排气制动要大。

3　压缩释放制动

压缩释放式制动,也就是人们常说的发动机制动,是这三种制动技术之中效率最高的一种制动技术。压缩释放制动技术的原理是在压缩行程接近上止点时,利用一套控制、执行机构,开启排气门,把压缩空气排出汽缸,发动机在压缩缸内空气时所做的功,便被释放到排气系统,能量不会在做功行程中再作用到活塞上。这样,发动机从原来提供动力的动力源转变成了吸收动力的空气压缩机,反过来需要通过车轮和传动系统来带动,从而可以有效地降低车速(图 4-6)。

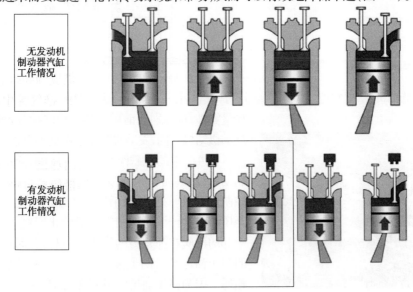

图 4-6　发动机压缩释放制动原理

Jacob 的发动机制动产品是一种比较典型的发动机制动技术产品,在市场上占有很高的知名度,国内也有多家配套企业。下面以 Jacob 产品在六缸柴油发动机上的应用为例,介绍这一技术的原理。

首先来分析六缸发动机各汽缸相位之间的关系。六缸发动机的发火顺序为 1→5→3→6→2→4,各缸之间的发火间隔角为 120°曲轴转角。当 1 缸处于接近压缩上止点时,二缸处于排气行程初期;同理 2 缸处于接近压缩上止点时,三缸处于排气行程初期;三缸处于接近压缩上止点时,一缸处于排气行程初期;后面四、五、六缸之间也存在相同的关系。由此就可以利用一个装置,当第一缸处于接近压缩上止点时,让二缸的排气摇臂打开一缸的排气门;当第二缸处于接近压缩上止点时,让三缸的排气摇臂打开二缸的排气门;当第三缸处于接近压缩上止点时,让一缸的排气摇臂打开三缸的排气门;当第六缸处于接近压缩上止点时,让五缸的排气摇臂打开六缸的排气门;当第五缸处于接近压缩上止点时,让四缸的排气摇臂打开五缸的排气门;当第四缸处于接近压缩上止点时,让六缸的排气摇臂打开四缸的排气门,如图 4-7 所示。

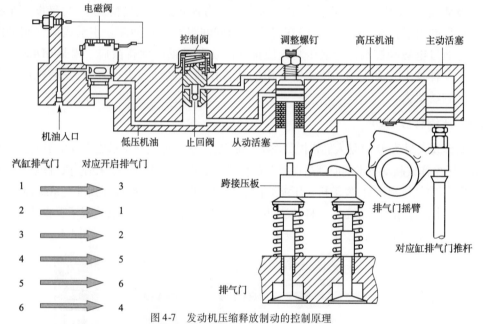

图 4-7 发动机压缩释放制动的控制原理

在六缸柴油机上,通常把前三个汽缸分为一组,后三个汽缸分为另一组,在气门机构上更换少量零件,再分别在前后安装一个联动装置(图 4-8)。发动机结构不同,发动机制动器在结构上也有所差异。

图 4-7 中的电磁阀为一个常闭阀,未启用发动机制动时,该阀切断来自发动机的压力机油;电磁阀至控制阀、控制阀至从动活塞与主动活塞之间的油路均无压力机油。此时控制阀下部的止回阀关闭,控制阀中部的滑阀在弹簧力的作用下下移,此时控制阀右侧的高压油道经滑阀上部与控制阀盖上的小孔与外界相通。因为高压油道中没有压力油,主动活塞不会伸出与排气摇臂接触,如图 4-9a)所示。

图 4-8 六缸柴油机发动机制动联动装置

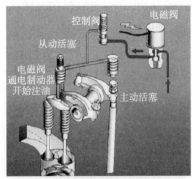
a) 电磁阀开启制动器注油

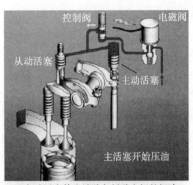
b) 主动活塞伸出消除与摇臂之间的间隙

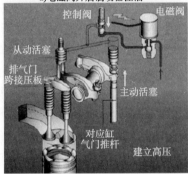
c) 高压油腔的建立

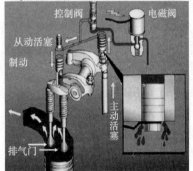
d) 高压油推动被动活塞打开排气门

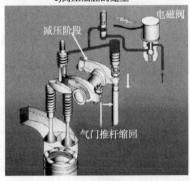
e) 高压油腔减压

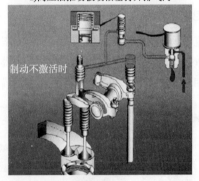
f) 停止制动

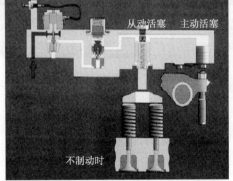
g) 制动系统恢复

图 4-9 发动机压缩释放制动

当启用发动机制动时,ECM给电磁阀通电,电磁阀开启,来自发动机的低压机油流向控制阀并顶开其下部的止回阀,使控制阀中部的滑阀上移,低压机油进入右侧高压油道(图4-7);主动活塞伸出,消除与排气摇臂之间的间隙,如图4-9b)所示。当排气摇臂升起时,迫使主动活塞缩回腔内,使高压油道压力升高[图4-9c)],控制阀下部的止回阀关闭,主动、被动活塞之间形成密封的液压通路;高压油路油压升高,推动被动活塞向下运动,打开对应汽缸的排气门,排出压缩空气[图4-9d)]。当该推杆下行时,主动活塞伸出,高压腔容积增大,压力降低[图4-9e)]。在此期间,主、被动活塞与其缸壁之间存在正常的机油泄漏,来自电磁阀的机油可间断地补充泄漏的油量,保持发动机制动机构正常工作。

当ECM停止发动机制动时,断开电控阀供电而关闭电控阀,切断低压供油;控制阀中部的滑阀因顶部弹簧力的作用而下移,打开高压油路与外界的通道,排出高压油路中的机油。在没有油压的情况下,制动器的活塞离开摇臂和阀门,制动停止,如图4-9f)、g)所示。

在六缸柴油机上,六个汽缸被分为两组,所以驾驶人可以在启用发动机制动时选择采用三个汽缸制动还是全部六个汽缸制动,以适应路况的要求。制动应等机油达到正常工作温度后再启用。从制动原理可知,在发动机转速较高时,发动机制动的效果较好,所以驾驶人应及时选择合适的挡位。发动机制动只有在加速踏板全部释放、离合器接合、启用发动机制动、发动机转速高于某设定值(如850r/min)和定速巡航不起作用时才会有效。在启用发动机制动期间,如果踩下离合器踏板或者加速踏板,制动会立即停止。此外,在轮胎发生打滑时应立即停用发动机制动。

❹ 电涡流制动

电涡流制动是利用旋转金属盘在磁场作用下产生电涡流来获得反转转矩,从而起到减缓车速的效果。这种装置称为电涡流缓速器[图4-10a)],通常有两种安装方式:一种安装在传动轴和驱动桥之间,另一种则安装在车架上,位于前后两段传动轴之间[图4-10b)]。

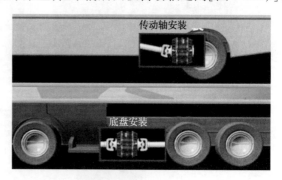

a)电涡流缓速器　　　　　　　　b)电涡流缓速器的安装

图4-10　电涡流缓速器及其安装

三、机油管理

现代发动机的润滑油中起重要作用的是其中的添加剂,由于在发动机运行中添加剂会逐渐消失,所以发动机必须定期维护,更换机油。因废机油对环境有害,所以必须集中妥善处理。如何既能最好的保护发动机，又能降低运行成本，减少废机油的处理，Centinel 机油控制系统是一个可供柴油发动机用户选择的一个方案。下面以康明斯 ISM 发动机上可供客户选装的 Centinel 系统为例，说明这种机油管理系统的组成和工作。

Centinel 机油管理系统可以让润滑油对发动机的保护达到最大化，可以提高设备生产率、降低发动机运行成本、减少废机油的处理。Centinel 是一个电子控制机油补给系统，可以有效延长换油间隔，最长可达 48 万 km 或 4000h，提高发动机的整体润滑度；还可以延长机油滤清器的寿命，最长可达到 12 万 km 或 1000h。为了达到这一目标，Centinel 定期将使用过的机油混合到燃油箱中与燃油一起参与燃烧，同时从机油补给箱补充等量的清洁机油。

该系统需要在发动机上安装一个由 ECM 控制的控制阀（图4-11），控制阀上有 4 根管子，分别是从补充油箱来、到油底壳去和从润滑系统来、到燃油系统去。补充油箱上有一根通向控制阀的油管和一个机油低油位传感器。ECM 通过监测燃油的消耗来确定何时起动 Centinel 系统。当 ECM 给电磁阀通电时，系统就将少量使用过的机油从润滑系统中吸出并输送到燃油箱中，这部分机油与燃油混合后被燃烧掉，这样就减少了废机油的处理；

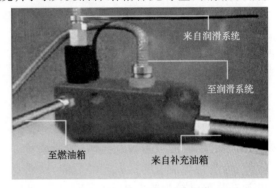

图4-11　机油管理控制阀

同时等量的新机油从补充油箱补充到发动机中，这样机油中的添加剂可以不断地得到补充，因而可以更好的保护发动机。

ECM 监测发动机工况的各种参数，以确定消耗的燃油量，当耗油量达到了一个预先设定的值时，ECM 向 Centinel 电磁阀发送一个信号。系统包括一个控制阀、一个电磁阀（包括活塞和弹簧），控制阀上还有连接到补充油箱、油底壳、主油道、燃油回油管路的接头和管路。当 ECM 给电磁阀加电时，电磁阀向上升起，来自主油道的压力不再作用在电磁阀上，电磁阀向上移动还打开了使用过机油的出口油路，接着弹簧把活塞推向充满使用过机油的小油室，这样使用过的机油就离开控制阀流向燃油回油管路。该过程每次可泵送 17mL 使用过的机油与燃油箱中的燃油混合，再与燃油一起被喷射到汽缸中参与燃烧。电磁阀保持通电超过 30s，以确保活塞有充分的时间达到行程末端。弹簧的移动还使弹簧四周的补充室充满新机油，当 Centinel 电磁阀断电时，油道压力压迫阀门与阀座紧密结合，密封连接燃油回油管的出口，而连接主油道的油路打开。来自主油道的油压推动活塞压缩弹簧，当新机油室内的压力克服了出口止回阀阻力时，新机油被泵出，这样就把 17mL 的新机油输送到油底壳；在来自补充油箱的管接头中也有一个止回阀，由于止回阀的作用，新鲜机油不会回流到补充油箱。当活塞达到行程末端时，旧机油室内充满了使用过的机油，控制阀已经完成了下一循环的准备。在从主油道通向控制阀的管接头中设有一个止回阀，这个止回阀保证了使用过的机油不会回流到发动机润滑系统中。

要使 Centinel 机油系统工作，机油温度必须不低于 125℉（52℃），主油道压力不低于 20psi（0.14 MPa）。ECM 周期性地确定何时需要运行 Centinel 系统，如果系统中机油温度低、机油压力低，或者补充油箱中机油平面低，系统就不能正常工作。这种情况下，ECM 将跟踪系统不能正常工作的次数,在条件允许时,ECM 给系统发送信号,补偿原先缺失的循环。发动机线束中包括了从 ECM 到 Centinel 控制阀的导线,而从补充油箱低油位传感器到 ECM 的导线由主机厂负责安装。低油位传感器是一种浮式传感器。当补充油箱中的新鲜机油低于传感器位置时,系统不会从发动机润滑系统中吸出使用过的机油。除了上述使系统工作的条件外,还必须使用 INSITE 服务软件在特性与参数项内启用 Centinel 系统并输入发动机所使用的润滑油等级。润滑油等级不同,其使用的寿命周期也不同。Centinel 机油控制系统设定输入的机油类型参数指示出发动机所使用机油的类型,普通石油基机油与燃油正常的添加比例为 0.33%,如康胜的蓝至尊机油;优质等级机油为合成机油或混合合成机油,如蓝至尊 2000,此时机油与燃油的最小配比为 0.25%。

四 进气加热

起动是发动机能否正常工作的必要条件。在规定的使用条件下,发动机能否迅速而可靠地起动,是评价发动机工作可靠性的重要标志。

与汽油机相比,柴油机燃料蒸发性差、运动件惯性大、无强制点火装置;尤其在低温条件下,由于起动时的阻力大、混合气形成质量差、不易着火等,导致柴油机比汽油机起动困难。因此,为改善柴油机的低温起动性能,改善低温起动后的排放,在现代汽车柴油机上采用辅助起动装置已较为普遍或者已经成为一种标准配置。

导致柴油机低温起动困难的主要原因是起动阻力大和着火条件差。减小低温时起动阻力的措施主要有预热润滑油、选用多级黏度润滑油、减压起动等。改善低温时着火条件的主要措施有进气预热、燃烧室预热、柴油预热、冷却液预热、选用着火性能好的柴油等。在此仅介绍进气加热技术。

现代电控柴油机的进气加热方式常见的有电热塞预热和格栅加热两种,其中格栅加热器有的设置在进气道内,有的设置在进气道入口处。

电热塞预热的起动预热控制系统(图 4-12)中,ECM 可根据发动机进气温度、冷却液温度信号和点火开关信号,通过继电器控制电热塞是否通电及通电时间的长短。以一汽大众宝来电控柴油机为例,当冷却液温度低于 9℃,且点火开关位于"点火接通"位置时,ECM 通过控制线使起动预热控制系统进入工作状态;当点火开关不在"点火接通"位置,或冷却液温度高于 9℃,或发动机转速高于 2500r/min 时,起动预热控制系统停止工作。预热指示灯位于仪表板上,点亮或熄灭由 ECM 控制:起动预热系统处于工作状态时,指示灯持续点亮;起动系统不工作时,指示灯持续熄灭;ECM 接收到反馈信号线返回的故障信号时,指示灯闪亮。

如图 4-13 所示的进气加热器目前已经成为康明斯电控柴油机的一种标准配置。该进气加热器由两根独立的电热片组成,安装在进气道入口处。电热片的电阻很小,工作时需要很大的电流来产生大量的热量,其电源通过 ECM 控制的继电器由蓄电池供电。以康明斯 ISB 柴油机为例:在起动时,ECM 根据进气温度来确定是否对进气进行预热;当进气温度传感器失效时,ECM 把冷却液温度作为参考。当预热时,等待起动指示灯(WTS Wait To Start)亮起,提醒驾驶人当前正在对进气进行预热;驾驶人应在等待起动指示灯熄灭后再起动发动机。

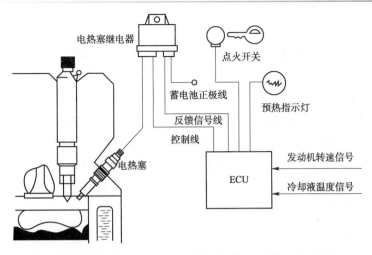

图 4-12 电热塞预热的起动预热控制系统

图 4-13 进气加热器

因为蓄电池无法同时为起动机和进气加热器同时提供强大的工作电流,如果驾驶人在进气预热过程中强行起动,则控制系统立即中断预热。发动机起动后,如外界气温较低,控制系统会短时间提高发动机怠速转速,如20s,来进行暖机,然后发动机逐渐回到设定的怠速转速;与此同时,起动进气后加热功能。即发动机起动着火后,加热格栅仍保持工作状态,此阶段的加热称为后加热;此时,两根电热片可以交替通电工作,也可以单独一根工作。后加热有利于柴油机怠速稳定、缩短暖机时间、降低噪声、消除白烟、降低 HC 和 CO 排放量。如果发动机(车辆)满足下述三个条件之一,后加热即停止:

(1) 车速传感器检测到车辆速度已超过 30km/h。

(2) 负荷超过 10% 并超过 10s。

(3) 进气温度超过 19℃。

结束进气后加热的准则,可能因不同的发动机而不同。在暖机过程中,控制系统将不理睬加速踏板的动作,即在暖机过程中压下加速踏板,发动机转速也不会有所改变。根据蓄电池电源电压的不同(12V 或 24V),进气加热系统可能使用一个继电器或使用两个继电器来对两个电热片进行控制。

五 实训——基于故障码的电控系统故障诊断

1 实训说明

在有故障码的情况下,读取故障码可通过专用/通用故障诊断仪一次读取,也可以通过故障指示灯和故障诊断开关逐一读取。在具有专用故障诊断仪(服务软件)的情况下,可以利用服务软件强大的支持功能,按照服务软件对该故障码的提示、逐步查找故障根源;如果没有专用故障诊断仪/服务软件的情况下,则需要查找故障诊断手册,或者按照故障码表中指示的原因,逐步查找。

2 任务实施

1)基于故障码的故障诊断

(1)任务说明。

这里以康明斯 ISB 发动机故障码 122 为例,说明故障诊断与排除的逻辑步骤。如果使用康明斯 INSITE 服务软件,只需双击该故障码,就会弹出故障码 122 的诊断指南窗口(图 4-14)。如果没有使用该服务软件,则也可以通过指示灯的闪烁读取故障码,再查阅 ISBe 故障诊断手册,找到该故障码的诊断指南(表 4-2)。

```
故障码 122
进气歧管 1 压力传感器电路—电压高于正常值或对高压电源短路
```

图 4-14 故障码 122 的诊断指南窗口

诊断手册中故障码 122 的诊断指南 表 4-2

代 码	故 障 原 因	产生后果
故障码:122 PID:P102 SPN:102 FMI:3/3 指示灯:淡黄色 SRT:	进气歧管 1 压力传感器电路—电压高于正常值或对高压电源短路检测到进气歧管压力传感器电路中信号电压偏高。	发电机的功率输出降低。

①电路描述。电子控制模块(ECM)通过传感器电源电路向进气歧管压力传感器提供一个 5V 电源。ECM 还向传感器回路电路提供一个搭铁。进气歧管压力传感器通过进气歧管压力传感器信号电路向 ECM 提供一个信号(图 4-15)。该传感器的信号电压将根据进气歧管的压力而变化。在怠速或减速的工作条件下,ECM 将检测到低信号电压。在发动机重载的工作条件下,ECM 将检测到高信号电压。

②部件位置:进气歧管压力传感器位于进气管道中。

③运行故障诊断的条件:钥匙开关处于"ON"位置时,此诊断持续运转。

④设置故障码的条件:ECM 检测到进气歧管压力信号电压高于 4.91VDC 超过 1s。

⑤故障码起作用时采取的措施:

a. 该诊断运行失败后,ECM 将立即亮起黄色 CHECK ENGINE(检查发动机)指示灯。
b. 将使用默认进气歧管压力值。

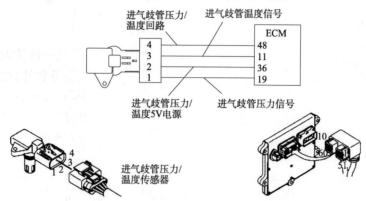

图4-15 进气温度/压力组合传感器接线图

⑥清除故障码的条件:该诊断运行通过后,ECM 将立即关闭黄色 CHECK ENGINE(检查发动机)指示灯。

需要注意的是:进气歧管压力传感器与其他传感器共用发动机线束中的电源和回路导线。发动机线束中的开路和短路可以造成多个故障码变成现行故障码。在对故障码122进行故障诊断前,检查是否有多个故障。

⑦此故障码的可能原因:
a. 发动机线束、接头或传感器回路电路开路。
b. 信号线与传感器电源或蓄电池电压短路。

注意和警告:为避免损坏新 ECM,在更换 ECM 之前,必须把所有其他现行故障码的产生原因调查清楚。

(2)任务准备。
①康明斯 ISDe/ISBe 柴油发动机试验台架。
②数字万用表及专用测试线束与导线。
(3)步骤与要求(表4-3)。

故障判断及排除步骤　　　　　　　　　　　　　　　　　表4-3

	故 障 判 断	排 除 步 骤
步骤1	故障码2272 起作用? 故障码122 不起作用?	检查故障码 步骤1A　检查是否有传感器电源故障码 步骤1B　检查是否有非现行故障码
步骤2	触针脏污或损坏? 故障码123 起作用,而故障码122 不起作用? 4.75~5.25V? 故障码122 起作用?	检查进气歧管压力传感器和电路 步骤2A　检查进气歧管压力传感器和接头触针 步骤2B　检查电路的响应性 步骤2C　检查传感器电源电压和回路。 步骤2D　检查故障码并核实传感器状态

续上表

故障判断		排除步骤
步骤3	触针脏污或损坏？	检查ECM和发动机线束 步骤3A　检查ECM和发动机线束接头触针 步骤3A-1　检查ECM的响应性 步骤3A-2　检查现行故障码
	触针脏污或损坏？	步骤3B　检查ECM和发动机线束接头触针 步骤3B-1　检查传感器电源电压和回路 步骤3B-2　检查现行故障码
步骤4	故障码122不起作用？ 所有故障码是否已被清除？	清除故障码 步骤4A　禁用故障码 步骤4B　清除非现行故障码

有了这样的故障查找指南，具有一定基础的维修技师都不难找到故障并排除故障，实践多了，速度自然会提高。

(4) 注意事项。

①需要强调的是在测试过程中必须使用合适的测试导线，否则可能会损坏传感器、线束或ECM插头中的端子、插孔或者会引起接触不良的故障，而因接触不良引起时断时续的故障查找非常费时费力。

②拆装ECM插头时应关闭电源开关。

2) 故障码改变诊断技术运用(一)——故障码153(进气歧管温度信号端子检测到高电压)的诊断

(1) 任务说明。

现在大多数电控发动机上传感器输出的信号为模拟电压信号，ECM就是对这些电压信号进行采样，即进行A/D转换，得到数字信号再做进一步的处理和判断。传感器正常电压范围如图4-16所示，如果ECM检测到某个传感器的输出电压超出了0.25~4.75V这个正常范围，就会记录一个故障码。(不同发动机制造商制定的传感器正常工作电压范围可能会有所不同。)

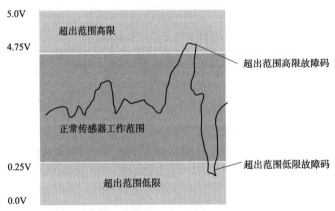

图4-16　传感器正常工作电压范围

这里以康明斯ISBe CM800电控发动机为例，其部分故障码及原因见表4-4。

康明斯 ISBe CM800 电控发动机部分故障码及原因   表 4-4

故障码	故障位置	灯	故障原因	产生后果
122	电子控制模块	黄	在进气歧管压力传感器信号端子上检测到高电压	发动机可能降低到无增压空气供油时的功率
123	进气歧管压力传感器电路	黄	在进气歧管压力传感器信号端子上检测到低电压	发动机可能降低到无增压空气供油时的功率
131	加速踏板位置传感器电路	红	在加速踏板位置传感器信号端子上检测到高电压	当急速有效开关指示急速时,发动机急速运行时,发动机逐步上升至以默认设置转速运行
132	加速踏板位置传感器电路	红	在加速踏板位置传感器信号端子上检测到低电压	当急速有效开关指示急速时,发动机急速运行,当急速开关指示非急速时,发动机逐步上升至以默认设置转速运行
133	远程加速踏板位置——高电压	红	在远程加速踏板位置传感器信号端子上检测到高电压	发动机可能不能响应远程油门输入
134	远程加速踏板位置——低电压	红	在远程加速踏板位置传感器信号端子上检测到低电压	发动机可能不能响应远程油门输入
135	机油压力传感器电路	黄	在机油压力传感器信号端子上检测到高电压	机油压力使用默认值。发动机失去对机油压力的保护功能
141	机油压力传感器电路	黄	在机油压力传感器信号端子上检测到低电压	机油压力使用默认值。发动机失去对机油压力的保护功能
144	冷却液温度传感器电路	黄	在冷却液温度信号端子上检测到高电压	发动机冷却液温度使用默认值。发动机失去对冷却液温度的保护功能
145	冷却液温度传感器电路	黄	在冷却液温度信号端子上检测到低电压	发动机冷却液温度使用默认值
153	进气歧管温度传感器电路	黄	在进气歧管温度信号端子上检测到高电压	进气歧管温度使用默认值。发动机失去对进气歧管空气温度的保护功能
154	进气歧管温度传感器电路	黄	在进气歧管温度信号端子上检测到低电压	发动机进气歧管温度使用默认值。发动机失去对进气歧管空气温度的保护功能

对于这些因传感器信号电压异常而产生的故障码有一种快速有效的诊断方法,即所谓的故障码改变法。这种方法能帮助维修人员快速判定该故障是因传感器故障、线束故障还是 ECM 故障所引起的。

"故障码变化"就是创造"相反"故障码以对传感器、线束和 ECM 的故障进行故障判断的过程。理解"故障码变化"逻辑可以使得故障判断如同断开传感器或从 ECM 上拔下发动机线束一样容易。

这里以故障码 153 为例,说明关于温度传感器的故障诊断。看表 4-4 中故障码 153 为进气歧管温度传感器电路故障,该发动机使用的是进气歧管压力温度组合式传感器,传感器插头有 4 根端子,其中 2 号端子为温度传感器信号,1 号端子为信号回路(图 4-16)。故障原因为在进气歧管温度信号端子上检测到高电压。

(2)项目准备。

①康明斯 ISDe CM2150/ISBe CM800 柴油发动机试验台架。

②数字万用表、专用测试导线。

（3）步骤与要求。

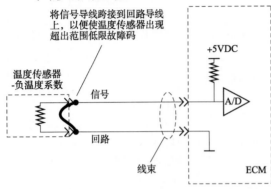

图 4-17　温度传感器诊断

①分开传感器与线束的插头，用合适的测试导线把线束侧的 1 号和 2 号两个端子短接，如图 4-17 所示。

②短接后打开电源，查看故障码是否有变化；如果原先的故障码 153 已经变成非现行，而出现了现行故障码 154，这说明线束与 ECM 都没有问题，因为原来 ECM 在温度传感器的信号线上检测到异常高电压，而把温度传感器的信号线与回路线短路接地后，ECM 检测到了这个变化，故障码也相应的改变了，说明线束和 ECM 都工作正常，只有传感器产生了故障。

③如果把信号线和回路线短接后故障码没有改变，那说明线束或者 ECM 有问题。查看接线图（图 4-18），温度信号线通向 ECM 发动机线束接口的 29 号端子，回路线通向发动机线束接口的 21 号端子。用合适的测试导线把 ECM 发动机线束接口的 29、21 号端子短接，如图 4-21 所示（图中所示接口并非 ISBe 发动机接口，仅用来说明如何短接）。如果短接后原先故障码 153 变为非现行，而出现现行故障码 154，那说明 ECM 没问题，故障出在线束上（当然也可以用合适的测试导线和万用表来测量信号线两端和回路线两端是否有开路或接触不良）。

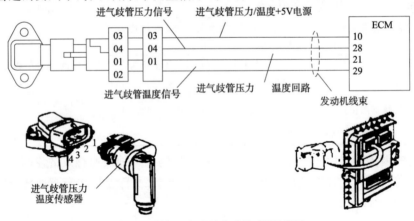

图 4-18　进气温度/压力组合传感器接线图

④如果短接后原先的故障码 153 仍保持为现行，则说明为 ECM 故障。在更换新的 ECM 前注意排除其他现行故障，标定新的 ECM，故障排除。

（4）注意事项。

①测试中必须使用合适的测试导线。

②认清各插头以及端子的正确位置；拆装 ECM 插头时应关闭电源。

3）故障码改变诊断技术运用（二）——故障码 141（机油压力信号端子检测到低电压）的诊断

(1) 任务说明。

故障码 141 为机油压力传感器电路故障,原因为在机油压力传感器信号端子上检测到低电压。该发动机上也是使用了机油压力/温度组合式传感器,查看接线图(图 4-19),其中传感器接头 3 号端子为传感器 +5V 电源,通向 ECM 发动机线束插口 09 号端子;4 号端子为机油压力信号,通向 ECM 发动机线束插口 33 号端子;1 号端子为机油压力信号回路,通向 ECM 发动机线束接口 19 号端子。

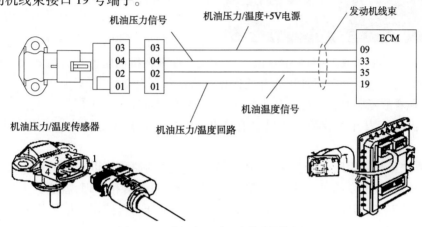

图 4-19 机油压力/温度组合传感器接线图

(2) 任务准备。

① 康明斯 ISBe CM800/ISDe CM2150 柴油发动机试验台架。

② 数字万用表、专用测试线束与导线。

(3) 步骤与要求。

① 肉眼检查发动机线束与传感器接头有无锈蚀、弯曲、缩回、膨胀,有无水汽、损坏、密封破损、绝缘损坏、锁片损坏。

② 因为故障原因是在机油压力传感器信号端子上检测到低电压,所以首先应用数字万用表检查传感器电源电压。即用测试传感器接头线束侧 3 号端子(合适的测试导线、万用表红表笔)和 1 号端子(合适的测试导线、万用表黑表笔)之间的电源电压是否正常。

③ 如果电源电压正常,则短接传感器接头上的 3 号、4 号端子(图 4-20),即把高电压强行引入信号线,察看原先的故障码 141 是否变为非现行,而出现现行故障码 135。

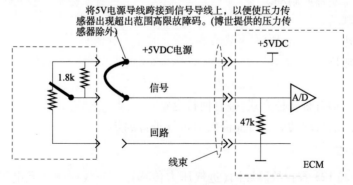

图 4-20 压力传感器诊断

图4-21 使用测试导线检测故障码状态示意

④如果是,则可确定是传感器出了故障。

⑤如果不变,则与温度传感器故障诊断相类似,短接ECM上发动机线束插口上的09号和33号端子(图4-21),观察故障码141是否改变,如果改变则为线束故障,如果未改变则为ECM故障。

对于ISDe CM2150发动机来说,其上使用的是只有一根导线的常闭式机油压力开关。如果在机油压力开关信号线上检测到低电压,则说明发动机运转时机油压力开关保持在搭铁状态没有打开,只需拔出机油压力开关的信号线,观看故障码是否变化。如果变化,即说明在机油压力开关信号线上检测到了高电压,那就是机油压力开关故障。如果没有变化,再进一步确认是导线短路搭铁还是ECM故障。

上述方法虽然是以康明斯发动机为例,但这个方法的原理可以普遍适用于任何电控柴油发动机与电控汽油发动机。理解"故障码状态变化"的逻辑和原理,就能大大加快故障诊断的速度和效率,但需注意有的传感器,如Bosch公司的压力传感器不适用这种方法。

(4)注意事项。

①Bosch公司的压力传感器不适用本方法。

②必须使用合适的测试导线。

③拆装ECM插头时应关闭电源开关。

六 学习评价

1 理论考核

1)名词解释

(1)EGR。

(2)发动机排气制动。

(3)发动机泄气制动。

(4)发动机压缩释放制动。

(5)电涡流制动。

(6)进气加热。

(7)进气后加热。

2)简答题

(1)发动机制动有哪几种方式,各有何特点?

(2)为什么柴油机起动后还可能需要对进气进行加热?

2 技能考核

对模拟故障码123查找故障原因(进气压力传感器信号线检测到低电压),运用故障码改变法进行诊断。

七 拓展学习——基于故障码的故障诊断实例

（1）康明斯 ISBe 发动机无法起动，故障码为 329，无其他故障码。

查阅故障诊断手册，故障码 329 的故障原因为在最大泵油能力下不能保持油轨压力；在发动机运转状态下，可能会导致发动机运转不稳、功率降低，甚至可能出现停机，也可能没有影响；在停机状态下，发动机可能无法起动。

诊断手册提示在测试中必须使用正确零件号的测试导线；其指示的诊断步骤如下。

①步骤 1：读取故障码

步骤 1A：检查有无故障码 1139、1141、1142、1143、1144、1145 和 2215。

检查结果：无上述故障码。

②步骤 2：检查燃油管路。

a. 步骤 2A：检查燃油管路有无泄漏。

检查结果：无泄漏。

b. 步骤 2B：检查燃油管路有无堵塞。

检查结果：无堵塞。

③步骤 3：检查燃油滤清器。

步骤 3A：检查燃油滤清器有无堵塞。

检查结果：无堵塞。

④步骤 4：检查燃油管路中有无空气。

步骤 4A：检查低压燃油系统中有无空气。

检查结果：无空气。

⑤步骤 5：检查油轨压力传感器。

a. 步骤 5A：检查油轨压力传感器外观有无异常。

检查结果：无异常。

b. 步骤 5B：检查油轨压力传感器与发动机线束的触针。

检查结果：无异常。

c. 步骤 5C：测量油轨压力传感器电源电压。

检查结果：油轨压力传感器电源电压正常。

d. 步骤 5D：监测油轨压力。

监测结果：5 MPa（进行该项监测必须使用康明斯服务软件，具体方法是进入服务软件的数据监测项，选定监测油轨压力，然后再起动起动机，即起动机拖动发动机的时候读取油轨压力）。

在这里，服务软件提供两个油轨压力值，一个是油轨压力实测值，另一个是油轨压力指令值，正常情况下，这两个值应该相同。如果不同，则表明燃油系统中可能存在诸如有空气、进油阻力过大以及滤清器堵塞或者喷油器与连接管之间存在泄漏等故障。

⑥步骤 6：检查 36 针发动机线束。

a. 步骤 6A：检查发动机线束和 ECM 接头的触针。

检查结果：良好。

b. 步骤 6B:确认故障码。

检查结果:故障码 329 为唯一现行故障码。

c. 步骤 6C:检查油轨压力传感器线路。

检查结果:油轨压力传感器 3 根导线导通正常。

d. 步骤 6D:检查触针与触针之间是否短路。

检查结果:触针与触针之间电阻大于 $100k\Omega$,属正常。

⑦步骤 7:检查 ECM 的响应性。

步骤 7A:测量 ECM 的供电电压。

检查结果:ECM 的供电电压为 4.75~5.25V,正常。

⑧步骤 8:检查电子燃油控制执行器。

步骤 8A:检查电子燃油控制执行器是否存在机械故障,被卡死。

检查结果:打开电源开关,接上、断开电子燃油控制执行器的线束接头,倾听是否有阀开启和关闭的"咔哒"声,如果有,说明该阀工作正常;如果没有"咔哒"声,则表明阀已经卡死。更换电子燃油控制执行器,转步骤 10A。

⑨步骤 9:检查有无燃油内部泄漏。

a. 步骤 9A:检查喷油器回油。

检查结果:如果回油量超出规范要求,采用断缸法逐一判断哪一缸回油量超出规范要求,更换相关的燃油连接管,直到回油量符合规范要求;转步骤 10A。

b. 步骤 9B:检查油轨减压阀的回油量。

检查结果:油轨减压阀的回油量正常,转下一步;如果回油量不符合规范要求,则更换油轨减压阀,确认油轨减压阀的回油量符合规范要求。

⑩步骤 10:确认现行故障码消失。

a. 步骤 10A:确认故障码 329 不再为现行;故障已经排除。

b. 步骤 10B:清除所有非现行故障码。

图 4-22 所示的照片显示了康明斯一辆现场测试货车上拆下的高压共轨燃油系统的高压连接管。在把发动机送到康明斯分销商车间更换一个喷油器时,一滴油漆或涂料正巧落在了高压连接管的表面上。当高压连接管和喷油器不能良好的密封时,油轨中就不能建立足够的压力,非常少量的燃油泄漏就会导致起动困难,如果在这个连接处大量的燃油泄漏更会导致无法起动。在这个例子中,该货车进入车间时运转正常,而在更换喷油器后却无法起动了,其原因只是这滴污垢直接落在了高压连接管和喷油器的密封表面上,就额外浪费了人力、物力。从此实例不难理解强调保持燃油系统清洁的重要性。

服务软件或故障诊断手册所指示的故障诊断步骤遵循由易到难、从外到内、从简单到复杂的过程,当服务技师积累了一定经验或者在对发生故障的发动机具有相当了解的基础上,也可以跳过上述某个步骤进行检测诊断。

燃油连接管是四气门电控柴油机上特有的部件,二气门发动机因为高压油管直接连接到喷油器上,因为没有燃油连接管,也就不会产生这样的故障。

编者也还遇到过相似的故障实例,发动机无法起动,故障码 329 为现行,无其他故障码,排气管无烟。因为了解油箱中的燃油量、传感器以及电源、线束和燃油滤清器等的技术状态,所以直接在起动起动机时监测油轨压力,发现油轨压力为零,随即检查电子燃油控制执行器,发现执行器阀卡死在关闭状态,在更换了电子燃油控制执行器以后,发动机起动工作,故障顺利排除。

图 4-22　被污染的燃油高压连接管引起发动机无法起动

(2) 装有 ISBe 发动机的某公交公司新车试车,上路不远即停机,再无法起动。故障码 151 和 235 为现行,红色故障指示灯亮起。

查阅故障诊断手册得知,故障码 151 为发动机冷却液温度已超过发动机保护极限,所以引起发动机保护停机。按照对故障码 151 故障诊断手册的指示,需进行冷却液温度传感器的检查等,而故障码 235 指示冷却液液位低。实际原因就是新车没有加注冷却液的问题。加注冷却液后故障码消失,发动机顺利起动,故障排除。

注意：新发动机出厂时通常未加注冷却液,也未加注机油。

(3) 某福田欧马可货车的 ISF3.8 CM2220 发动机功率不足,故障码 2772、2773 为现行。

故障码 2772、2773 指示为排气后处理器故障,重新标定 ECM 后故障排除。

(4) 某九龙客车的 ISF2.8 CM2220 发动机故障灯常亮,故障码 241 为现行。

故障码 241 指示为车速传感器故障,更换客车厂安装的车速传感器后故障排除。

(5) 某江淮轻型货车的 ISF3.8 CM2220 发动机机油压力报警。

检查机油品质、油平面高度正常,打开气门室盖,气门摇臂机构供油正常,更换机油压力传感器后故障排除。

在故障诊断手册或服务软件上都有相关传感器的电路以及注意事项等提示,有详尽的故障诊断步骤可参考,故不再多作介绍。

单元五　电控柴油机的排放净化技术

学习目标
1. 熟知柴油机排放的特点与排放法规；
2. 熟知废气再循环(EGR)技术降低氮氧化物水平的机理；
3. 了解氧化催化转化技术的特点；
4. 熟悉选择性催化转化技术的特点及其应用；
5. 了解颗粒物净化技术及其应用。

一　柴油机排放的有害成分与排放法规
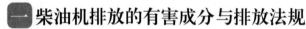

柴油机排放中的有害成分如下：

(1) CO_2 是任何一种燃料燃烧后必然产生的主要废气，无色、无毒、略带酸味和刺激性气味，主要导致温室效应。

(2) CO 是燃料不完全燃烧的产物，无色无味、毒性强；能破坏人体内血红蛋白的正常输氧功能，造成人体缺氧而引起窒息。

(3) NO_x 是废气中 NO、NO_2、N_2O_3、N_2O_5、N_2O_4、N_2O、NO_3 的总称，是石油燃料在高温下燃烧的产物，它们大都无色无味，毒性不大。柴油机排出的氮氧化物中 NO 约占 90%，NO_2 只是很少一部分。NO 进入大气后被氧化为 NO_2。NO_2 有刺激性臭味、毒性很强，可引起人呼吸系统疾病，还可形成酸雨对植物和农作物造成伤害。NO_x 在大气中易扩散、易溶解。其危害相比较没有 CO 严重。

(4) 碳氢化合物(HC)是石油燃料中的烃分子不完全燃烧的产物。HC 在空气中会对人体的视觉和听觉产生刺激作用，而且可能使人体发生癌变。

(5) 炭微粒是柴油在缸内不完全燃烧的产物，在柴油机工作过程中，部分未完全燃烧的 HC 和苯丙芘等致癌物质就会吸附在炭微粒表面一同排入大气，人体吸入含有这样微粒的空气后就会受到伤害。

(6) 其他还有臭氧、光化学烟雾、二氧化硫、铅微粒和噪声等。

柴油机排放废气中的主要有害成分为 NO_x 和颗粒物，而汽油机排放废气中的主要有害成分为 CO 和 HC。随着汽车数量的增加,汽车排放污染物对环境造成的危害日益严重,因此世界各国或地区都先后制定了限制汽车废气排放的限量值。其中,欧盟组织(EU)制定的欧洲标准是一项大多数国家和地区执行的参照标准,见表 5-1、表 5-2。1990~2010 年欧洲对排放降低的进展如图 5-1 所示。

表 5-1 欧共体(EU)的排放限值(ECE/EU 试循环)

标 准	实施时间	CO 排放量/(g/km)	HC 排放量/(g/km)	NO 排放量/(g/km)	HC + NO 排放量/(g/km)
欧 I	1992.07	2.72	—	—	0.97
欧 II	1996.01	2.2	—	—	0.5
欧 III	2000.01	2.3	0.2	0.15	—
欧 IV	2005.01	1.0	0.1	0.08	—

表 5-2 欧洲重型柴油机欧 II、欧 III、欧 IV、欧 V 排放标准

排放标准	标准要求[g/(kW·h)]			
	一氧化碳	碳氢化合物	氮氧化合物	颗粒物
欧 II	4	11	7	0.15
欧 III	1.5	0.25	2	0.02
	2.1	0.66	5	0.1/0.13
欧 IV	1.5	0.46	3.5	0.02
欧 V	1.5	0.46	2	0.02

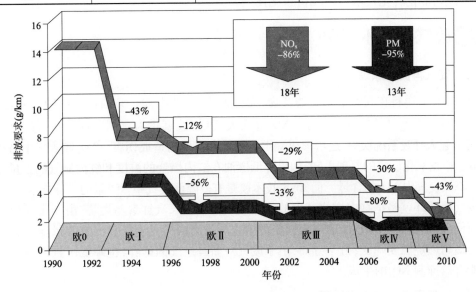

图 5-1 1990~2010 年欧洲排放要求

目前,环境保护已经成为人类社会可持续发展战略的核心问题。环境保护问题既是影响各国能源决策和科技导向的关键因素,也是促进能源科技发展的巨大动力。实际上,很多电控柴油机都是围绕着降低排放和提高效率来进行。

图 5-2 显示了电控柴油机要从满足欧 III 排放的技术状态到满足欧 IV 排放的两个不同路

径。图中蓝色圆点表示了满足欧Ⅲ排放柴油机的排放现状,要想把发动机的排放提高到欧Ⅳ排放标准,途径之一是先采用废气再循环(Exhaust Gas Recirculation,EGR)技术,使废气中 NO_x 的含量降低到满足欧Ⅳ排放标准,然后再采用柴油机颗粒物捕捉(Diesel Particulate Filter,DPF)技术来降低废气中的颗粒物,达到满足欧Ⅳ排放标准的结果。途径之二是先采用颗粒物优化燃烧技术,使废气中的颗粒物降低到欧Ⅳ排放标准,然后再采用选择性催化转化(Selective Catalytic Reduction,SCR)技术使废气中的氮氧化物降低到欧Ⅳ标准。

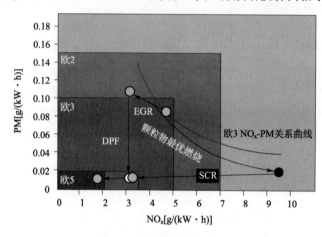

图 5-2 降低排放的技术途径

各个柴油机制造厂商开发的技术与途径可能有所不同,但可以把各种技术归纳为废气再循环技术、催化转化技术与颗粒物净化技三大类。

二 废气再循环(EGR)技术

1 废气再循环原理

NO_x 是石油燃料在高温下燃烧的产物,无色无味,毒性不大。柴油机排出的氮氧化物中 NO 约占 90%,NO_2 只是很少一部分。NO 进入大气后,被氧化为有刺激性臭味、毒性很强的 NO_2,可引起人呼吸系统疾病,还可形成酸雨对植物和农作物造成伤害。NO_x 在大气中易扩散、易溶解。根据氧化反应的原理可知,如果降低燃油在缸内燃烧的温度和缸内氧气的含量,就可以有效降低废气中 NO_x 的含量。而 EGR 技术就是有效降低废气中 NO_x 量的一种技术。

废气再循环就是把缸内燃烧产生的部分废气重新引入汽缸参与燃烧,由于废气的引入,一方面使混合气热容量增大,造成相同量的混合气升高同样温度所需的热容量增大,从而使缸内的最高燃烧温度降低;另一方面,由于废气对新鲜空气的稀释,也降低了缸内的氧浓度,从而能有效抑制 NO_x 的生成。

2 废气再循环的技术途径

根据废气是否经过发动机的进气系统进入汽缸,EGR 可分为内部 EGR 和外部 EGR 两种。

内部 EGR 通过改变发动机的配气正时,在进气行程时开启排气阀,使废气回到汽缸内参与燃烧。这种技术不需要外加其他设备,结构简单,应用方便,还可以避免再循环废气对管道的腐蚀,有利于提高系统的耐久性,但难于精确控制 EGR 率;由于回流废气的温度很高,有利于 NO_x 的生成。因此内部 EGR 对降低 NO_x 的效果并不显著。但随着控制技术的不断改善,内部 EGR 技术因其简单便利,正日益受到青睐。

外部 EGR 利用专门的管路和阀,把废气引入进气管道,使废气与新鲜空气在进入汽缸前就充分混合。在废气引入进气管道之前,还可以通过冷却器冷却,有效降低缸内最高燃烧温度,进入汽缸的新鲜空气的损失减少;而且引入废气的多少可以通过电控系统精确控制,所以可以显著降低 NO_x 的排放,还可以避免大负荷时的燃油经济性和排气烟度的恶化,因此目前常用的是外部 EGR。外部 EGR 的冷却与增压空气的冷却一样有两种方式,即冷却液冷却与外界空气冷却。由于外界空气的温度大大低于冷却液温度,所以空气冷却的效果更好些。

在一些发动机的外部 EGR 冷却器上还设置了与机油冷却器上的旁通阀相似的阀门,在发动机冷机时,部分废气不流过冷却器,而是经旁通阀进入进气管道,这样来快速加热催化转化器;在发动机热机状态时,旁通阀关闭,EGR 废气全部流过冷却器,由外界空气或发动机冷却液进行冷却。

对于自然吸气式柴油机来说,很容易实现外部 EGR,因为进气行程缸内的压力较低。对于增压柴油机来说,很多工况下进气压力高于增压器前的排气压力。为了有效地把废气引入汽缸,必须采取一些措施来提高排气压力。这些措施包括:

(1)在 EGR 阀前加装一个排气脉冲阀,利用排气脉冲能量加大 EGR 量。

(2)在进气系统中,加装一个文氏管来提高排气压力与进气压力之间的有效压差,扩大 EGR 的可调节范围。

(3)加装专门的 EGR 泵,强制进行 EGR。泵可以机械驱动,也可以由涡轮增压器带动。这种方法具有很大的灵活性。

(4)采用可变喷嘴增压器,在发动机不同工况下通过改变涡轮喷嘴流通截面来保持较高的排气压力,保证在不同负荷时的 EGR 需要。

在这几种措施中,采用可变喷嘴增压器是较好的一种措施。这种增压器的喷嘴截面可根据 ECM 的指令来改变,不用增加其他 EGR 泵等部件。图 5-3 为采用可变截面增压器和文氏管的 EGR 系统示意图。

3 EGR 的控制

现在的电控柴油机通常都采用了废气涡轮增压,其控制原理有开环控制与闭环控制两种。

(1)开环控制指的是控制的结果并不反馈到 ECM,ECM 只是根据事先设定的最佳控制方案进行控制。这种最佳控

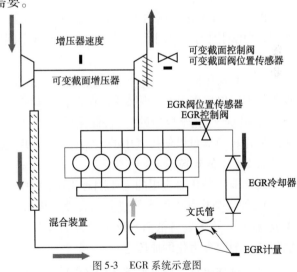

图 5-3 EGR 系统示意图

制方案通常由大量的不同转速、不同负荷条件下实验所取得的脉谱(MAP)图确定。EGR 阀

可以是一个真空阀,ECM根据一个独立真空源来控制阀的开度;也可以是一个电磁阀,ECM通过脉冲宽度调制(PWM)信号对阀的开度进行控制。EGR阀还可以是气动控制阀。

(2)闭环控制即ECM根据排气背压传感器或排气氧传感器反馈的信号不断修正对EGR阀的控制,形成一个闭合的控制环。废气中氧气的含量间接的反映了NO_x的排放量。废气中的氧含量受到EGR量的显著影响。由于闭环控制可以有效根据实际排放状况调整EGR率,所以其效果比开环控制要好,但系统比较复杂。

由于柴油机的工作特点,在中、小负荷时,相对氧含量多,故EGR参与工作,可取得良好的降低NO_x的效果,而全负荷时,为保证全负荷时的动力和燃油经济性,EGR不参与工作。

在查找EGR系统的故障时,首先需搞清阀的类型、控制原理,熟悉各种故障所对应的症状,这样才能迅速查明原因,排除故障。

三 催化转化技术

催化转化技术是发动机排气后处理的一种方式之一,常见的技术有氧化催化转化技术和选择性催化转化技术。

1 氧化催化转化技术

氧化催化转化技术使用铂(Pt)或钯(Pd)作为氧化催化剂,促使排气中的PM、HC和CO发生催化反应,被氧化为水和二氧化碳排出。但因柴油机的排气温度较低,排气中的炭烟微粒难以氧化,所以氧化催化剂主要用来转化排气中的可溶性有机组分SOF(Soluble Organic Fraction),达到微粒排放降低的效果。同时也可以使HC和CO排放进一步降低,还可净化诸如乙醛等有害成分,减轻柴油机排气臭味。使用Pt作为催化剂的副作用是会产生大量硫酸盐,而Pd的催化活性虽然不如Pt,但产生的硫酸盐要少得多,价格也较便宜。此外,用氧化硅代替氧化铝作为吸附涂层材料也可以减少硫酸盐的生成。

由于Pt等催化剂在达到一定温度的时候才能起到有效的催化作用,而在发动机刚起动期间,催化剂因温度原因活性较低。为改善这个问题,氧化催化转化技术常与表面吸附技术结合使用。在低温时,排气中的未燃烧HC和PM(Particulate Matter)中的可溶有机成分SOF被吸附材料所吸附;当温度升高后,催化剂的活性提高,而吸附材料的吸附能力降低,于是被吸附的HC和SOF脱离吸附材料,在催化转化剂的作用下变为无害成分排出。由于采用了与SO_2难以产生化学反应的材料,催化器的寿命与效率得到提高。试验表明,这种带吸附功能的催化转换器可以使排气中的CO、HC和SOF减少50%~90%。这种催化器的缺点是不能除去PM中的炭粒。

氧化催化转化器应用的主要困难为柴油中的硫分,硫燃烧后生成SO_2,再经氧化催化生成SO_3,如果与排气中的水等成分结合就会生成硫酸与硫酸盐。催化转化效果越好,硫酸盐生成就越多,这无疑将抵消SOF减少所带来的环境效益,甚至反而使微粒污染加剧。同时硫也是催化剂中毒劣化的原因之一。

2 选择性催化转化技术SCR(Selective Catalytic Reduction)

SCR也是发动机排气后处理的一种方式,这种技术只处理发动机排气中的特定成分,同样需要催化剂参与化学反应,催化剂需要发动机排气的加热。化学反应的结果,减少了发动机排气中的特定成分,使排放达到法规的要求。

在选择性催化转化系统中,采用的转化剂有氨(NH_3)、尿素(Urea)及碳氢化物(如柴油等)。由于氨本身有毒,必须增加精密的附加电控系统,将其水解成一定浓度的(通常为32.5%)的氨水喷入废气流中;此外,气态氨的储存和运输都不方便。使用尿素作为催化转化剂,其水溶性好,储存和运输方便,而且价格低廉,使用安全,所以获得了广泛的认可。具体的技术路径为:通过一个非常精确的加料器,将液体尿素喷射到催化器上游的排气管道中,尿素加料器喷出的尿素量由发动机 ECM 控制。控制装置把尿素(Urea)喷射到排气管中,由于高温,尿素在排气管道中分解为氨(NH_3)和二氧化碳(CO_2)。

$$NH_2-CO-NH_2+H_2O \longrightarrow 2NH_3+CO_2$$

NH_3又在催化剂作用下,与氮氧化合物(NO、NO_2)发生反应,将其还原成氮气和水。

$$4NG_3+4NO+O_2 \xrightarrow{催化剂} 4N_2+6H_2O$$

$$4NH_3+2NO+2O_2 \xrightarrow{催化剂} 3N_2+6H_2O$$

$$4NH_3+6NO \xrightarrow{催化剂} 5N_2+6H_2O$$

$$8NH_3+6NO_2 \xrightarrow{催化剂} 7N_2+12H_2O$$

其系统原理如图5-4所示。

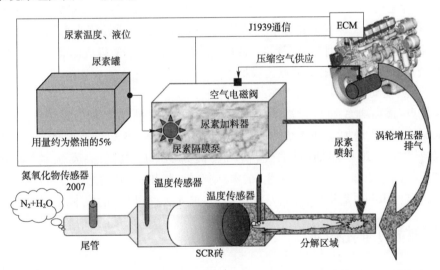

图5-4 车用柴油机 SCR 系统原理

这种 SCR 系统所使用的氮氧化物转化剂 NO_xCare 是一种高纯度的、浓度为32.5%(按质量)的液态尿素溶液,其冰点为-11℃。高温的尿素溶液直接从工厂输送,然后用软化水稀释,这种氮氧化物转化剂 NO_xCare 符合 DIN V 70 070 标准。其使用比较安全,基本不可能被人体吸入,但如果接触到干燥的残余物,则需要请医生检查。对皮肤有刺激,如果接触皮肤,可用肥皂和清水清洗,可能会有略微疼痛。如果进入眼睛,则需用大量的清水冲洗眼睛。如果误食,在意识清楚时,应立即饮入大量的水,并请医生检查。该产品不可燃,如果加热,水汽蒸发,释放氨气。如果意外大量溢洒出来,可用砂土或其他吸收剂吸收大量流出的尿素。应避免污染下水道或河道,如果发生污染,通知当地环保主管部门。

康明斯欧 IV 排放发动机的 SCR 系统中,排气消声器与催化器组合在一起,成为一个排气处理器 EGP(Exhaust Gas Processor),其外形还是圆桶形,尺寸比原来大了一倍。在排气处理器中有一段由带褶皱的玻璃纤维纸卷,称为催化器块,如图 5-5 所示。

该催化器块的玻璃纤维纸上有催化剂涂层,催化剂包括五氧化钒 VO_5、三氧化钨 WO_3 和二氧化钛 TO_2,由此可见催化剂不含贵重金属。这种催化结构具有良好的 NH_3 吸收能力和良好的氮氧化物转换能力,可以卷成不同的尺寸和形状。采用这种技术可以把颗粒物 PM 中可溶性有机组分 SOF 排放降低约 30%。ECM 会监测发动机排出的氮氧化物水平,在发动机排出的氮氧化物大于 $9.5g/(kW·h)$ 时,需清洗催化器涂层。

图 5-5　催化器块

在排气处理器(EGP)上有两个热敏电阻型排气温度传感器,一个进口排气温度传感器,一个出口排气温度传感器。它们用于监测催化器块的进出口温度。

这种 SCR 技术所使用的尿素是在农业、医药、食品及化妆品中广泛采用的原料,无毒、无污染、无爆炸性、不易燃,所以非常安全。只要使用适宜的运输与储存设备,不会对使用者造成不便。如果发生泄漏,会导致结晶,会腐蚀危害软金属、某些聚合物及水泥,因此容器需用不锈钢、铝或聚乙烯材料。这种尿素在温度为 -11℃ 时开始结冰。尿素的消耗量是柴油的 5%,所以增加一个尿素罐不会成为车辆的负担。根据底盘的设计尿素可每天添加,如车辆在寒冷气候运行,可能需要加热罐/管路。使用这种技术达到欧 IV 排放标准不需颗粒过滤器。

EGR 技术与 SCR 技术的优缺点比较如下。

EGR 优点:发动机自成一体;无车载反应装置。

SCR 优点:最高功率;低发热量;发动机结构简单;改善燃油经济性;延长维护周期。

EGR 缺点:EGR 增加发动机成本;零部件增加控制器、冷却器及阀体等;对技术的挑战——保持可靠性/维护周期;燃油经济性低;最高功率的限制;高发热量(较欧三提高25%);满足欧四需要颗粒过滤器;再生;成本;耐久性;维护;长期的燃油经济性。

SCR 缺点:AdBlue;需机外设施;基础设施;要求立法;AdBlue 的成本;系统的成本。

四 颗粒物净化技术

1 颗粒过滤器的类型、结构

柴油机颗粒物的净化技术主要由上述的催化转化技术及过滤净化技术、颗粒收集捕捉技术或多种技术的组合技术。其中最为有效的是各种过滤器,颗粒物过滤器也称为颗粒物收集器或颗粒物捕捉器等。柴油机颗粒物过滤器 DPF(Diesel Particulate Filter)的原理是先用过滤装置过滤废气中的颗粒物,当过滤器收集到的颗粒物太多影响到柴油机的工作时,采用更换过滤器或者用氧化或者燃烧技术进行清洁,使颗粒物过滤器恢复再生,重新工作。采用 DPF 技术主要的技术问题有三个:第一是 DPF 使发动机排气背压增大,而且随着颗粒物的堆积越来越大,这导致换气恶化,发动机性能下降;第二是 DPF 收集的颗粒物在通常的发动机运转条件下无法点燃氧化;第三是颗粒物被点燃后,易造成温度过高而烧坏过滤器。

颗粒过滤器通常为圆形,串联在排气管路中。排气中的颗粒物通过过滤器时被阻挡下来。随着发动机运行时间的增加,过滤器的效率会降低,排气背压升高,这会降低发动机效率和性能,因此经过一段时间以后就需要对过滤器进行再生处理,燃烧掉过滤器中沉积下来的颗粒物。按过滤器的结构不同来分,颗粒物过滤器可分为整体式和非整体式两大类。

非整体式颗粒物过滤器的滤芯由耐高温陶瓷纤维等杂乱无章地构成,废气从微小曲折的孔道通过。当采用矩形截面的金属丝时,通常在其表面包裹。整体式过滤器的滤芯为蜂窝状结构,常用堇青石(主要成分为 MgO、Al_2O_3 和 SiO_2)材料制成。两端面的进排气孔间隔地用陶瓷塞堵住,如图5-6所示。废气在通过这些细微多孔的管壁时被拦截下来。在滤芯与不锈钢材料之间,有弹性陶瓷衬垫,防止周边可能的废气泄漏,减小因径向温度梯度产生的热应力和适应不同材料的不同变形。

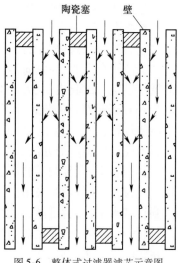

图 5-6 整体式过滤器滤芯示意图

2 对颗粒过滤器的技术要求

(1)过滤效率。颗粒物过滤器的过滤效率为车辆在行驶单位里程或单位时间内,过滤器捕捉到的颗粒物与进入滤清器的颗粒物的质量比。过滤效率越高,过滤质量就越好。颗粒过滤器的效率通常为50%～80%。陶瓷载体孔径的大小、壁厚、壁孔的密度及过滤器的外形尺寸是影响过滤器的主要因素。为了提高过滤器的效率、降低排气阻力和控制过滤器外形尺寸,需要结合具体的发动机进行综合优化。

(2)流通阻力与再生能力。颗粒滤清器的存在不可避免地增大了排气背压,随着拦截下来颗粒物的增加,阻力也会逐渐增加,这将导致发动机效率的下降、油耗增加和排放恶化。因此,要求过滤器具有低流通阻力以及在较宽的发动机负荷范围内具有再生能力,即在排气温度和催化剂的作用下,过滤下来的颗粒物能不在过滤器内积累而自行燃烧,变成气体排出,保持低的流通阻力。根据过滤器两端的压降是否超过规范允许值来确定是否需要采取辅助手段使过滤器再生。

(3)滤芯材料性能。颗粒过滤器不仅经常处于温度变化的排气环境中,而且在进行再生时,由于颗粒物的燃烧释放出大量热量,温度可能高达1000℃以上。因此滤芯材料应能承受高温与热冲击,具有足够的强度、化学稳定性和热稳定性、抗热裂与熔融。具有长工作寿命和较好的再生能力。

(4)外形尺寸与寿命。颗粒过滤器应具有合适的外形尺寸,既具有较小的外形尺寸,又具有较小的流通阻力,以便在车辆上安装。过滤器在车辆上要受到机械应力、热应力和振动,加上过滤器成本较高,所以要求过滤器具有足够的工作寿命和保持良好的过滤效率。

3 颗粒过滤器的再生技术

颗粒过滤器的作用是拦截废气中的颗粒物并临时储存起来,在使用一定时间以后,因颗粒物是堆积堵塞,排气阻力增加。如果不能及时清除堆积的颗粒物,则发动机的性能就会变差,所以及时对过滤器进行再生是非常必要的。

过滤器再生的原理是使颗粒发生氧化反应变成 CO_2 排出。要使颗粒物发生氧化反应变成 CO_2，主要取决于如下几个条件：①温度是否大于开始着火燃烧，即氧化反应的温度；②废气中氧浓度是否大于2%，即废气中是否还含有足够的燃烧所需的氧气；③是否有足够的燃烧反应的时间。其中最主要的是过滤器前的温度。

柴油机在高速、高负荷运转时，排气温度可达600℃以上，这时过滤器内的颗粒物能较快地氧化燃烧。试验表明，大约有85%的颗粒物氧化成为 CO_2，其余颗粒因缺氧未完全燃烧，成为CO；而在部分负荷时，因为温度低，无法进行颗粒过滤器的再生。为了能在各种工况下都能使颗粒物发生氧化反应变成 CO_2 气体，通常采用降低颗粒物开始着火燃烧的最低温度或者提高排气温度的办法。

（1）提高排气温度。提高排气温度通常采用进气节流或设置燃烧器的方法。在轿车发动机上，在部分负荷时采用进气节流的方法，使进气质量降低，排气流量减少，使排气温度上升到较高水平，以满足过滤器再生的需要。但过分节流会大大减少进气量，使氧浓度降低过多，氧气不足导致燃油在缸内的燃烧变差，废气中颗粒物增多，发动机动力性和经济性下降；而在柴油机低速从节流状态回到非节流状态时，过滤器中的颗粒因得到氧气而迅速燃烧，短时间内释放出大量的热，可能会使滤芯材料因急剧温升而损坏。对中、大功率柴油机来说，因不设节气门，所以无法采用进气节流法而是采用燃油后喷射的方法来提高排气温度。燃油后喷射就是在主喷油结束后的适当时刻再喷入适量燃油，因为喷油时刻很晚，燃油汽化后还来不及燃烧就被排入排气管道，而在催化转化器处燃烧，排气温度可上升到750℃，燃烧掉过滤器处的颗粒物。这种技术在采用高压共轨燃油系统的电控柴油机上很容易实现。

至于在颗粒过滤器前加设燃烧器，用喷油器向燃烧器喷入少量燃油与废气中的氧或者另外供应的空气混合，再用火花塞或电热塞点燃燃油，产生高温燃气点燃颗粒物。此方法虽然可靠，但需另外加设相应的装置，增大了成本。

还有在过滤器处设置电加热器来提高排气温度，再采用二次空气流带走燃烧产生的热量来提高过滤器工作寿命，或者采用逆向压缩空气流把过滤下来的颗粒物收集到过滤器外部再加热燃烧等技术。

（2）降低颗粒物开始着火的最低温度。由于提高排气温度会产生油耗增加和产生新的二次污染等新问题，所以可以采用诸如铂、钯、铜、铅和锰等金属化合物做催化剂，来降低颗粒物开始着火的最低温度的方法。可以在滤芯材料表面涂覆催化剂，也可以在燃油中加入催化剂。试验表明，这种方法能有效地降低颗粒物发生催化燃烧的最低温度。然而在燃油中添加催化剂会使燃油分配系统复杂化，也增加了可能造成二次污染的风险。

在实际的排气净化装置中，常常是多种原理结合使用，包括发动机缸内优化燃烧技术，使排放得以满足日益严格的法规要求；再采用其他一些辅助功能来提高系统的可靠性与工作寿命。目前世界各大汽车公司、发动机制造厂商和科研机构都在努力研发效率更高、可有效降低多种有害成分的新技术。

五 实训——基于症状的电控系统故障诊断

1 实训说明

并不是所有的电控系统故障都会有故障码产生，在没有故障码，即仅有故障症状的情况下,通常需要一定的经验和专用故障诊断仪或服务软件的支持,对一些有关的指标进行监测,才能快速、有效地查找故障根源。

电控柴油机控制系统的故障,不管是否有故障码,都会通过一些参数的异常而表现出来,即使是喷油器针阀卡死的机械故障,也可以通过 ECM 测试项目中的断油测试而表现出该汽缸工作异常。电控柴油机的维修技师就要像医生一样,要会使用诊断仪去监测一些有关的指标,迅速从指标的异常中找到故障原因或故障诊断的方向。

2 任务实施

(1)任务说明。

当发动机控制系统产生故障,而又没有与该故障对应的现行故障码时就需要按症状进行诊断。这些故障虽然没有对应的故障码,但肯定会通过指标的异常表现出来,只要找出异常的指标,再找出其源头,就能够把故障排除,而这些指标就是各种传感器和开关的输入。要找出异常的指标,就必须利用故障诊断仪对某些相关指标进行监测。

(2)任务准备。

①康明斯 ISDe 发动机试验台架(或其他电控柴油发动机)。

②数字万用表、专用测试导线。

③安装有康明斯 INSITE 服务软件的笔记本式计算机以及专用通信适配器(或可用于其他电控柴油发动机的通用故障诊断仪)。

(3)步骤与要求(表 5-3)。

基于症状的故障判断及排除步骤　　　　　　　　　　表 5-3

故　障　判　断		排　除　步　骤	
步骤1 执行 基本的 故障判 断及排 除步骤	是否存在现行故障码或非现行故障码高频计次	步骤1A	检查是否存在现行故障码或非现行故障码高频计次
	所有步骤是否经过核实无误	步骤1B	进行基本的故障诊断检查
步骤2 确定 发动机 症状	发动机症状是否是发动机起动困难或不能起动(带或不带排气烟雾)、发动机意外熄火或减速期间熄火,或者发动机能够起动但不能保持运转	步骤2A	发动机起动困难或不能起动(带或不带排气冒烟)、发动机减速期间意外停机或熄火,或者发动机能起动但不能保持运转
	发动机症状是发动机怠速时运转粗暴、发动机运转粗暴或缺火、发动机低怠速或高怠速时游车、发动机带负荷时或在工作范围内悠车	步骤2B	发动机运转粗暴或缺火、发动机低怠速或高怠速时悠车、发动机带负荷或在工作范围内游车
	发动机的症状是否为大量冒黑烟	步骤2C	大量冒黑烟
	发动机的症状是否为大量冒白烟	步骤2D	大量冒白烟
	发动机症状是否是发动机加速性能或响应差、发动机输出功率低、发动机减速缓慢、进气歧管压力(增压)低于正常值,或者发动机达不到额定转速(r/min)	步骤2E	发动机加速性能或响应差、发动机输出功率低、发动机减速缓慢、进气歧管压力(增压)低于正常值,或者发动机达不到额定转速(r/min)
	发动机的症状是发动机振动过大	步骤2F	发动机振动过大

续上表

故障判断		排除步骤	
步骤3 发动机不能起动或熄火故障诊断步骤	是否使用必要冷天起动辅助装置并按要求运转	步骤3A	核实寒冷气候下的起动辅助装置工作状况
	检查电子特性和可编程参数是否为发动机停机或不能起动的故障原因	步骤3B	检查电子特性和可编程参数
	拖动期间发动机的转速是否大于150r/min	步骤3C	拖动期间监测发动机转速
	用户供油状态指示拖动或钥匙开关电压是否等于蓄电池电压	步骤3D	监测ECM钥匙开关输入
	ECM蓄电池电源电压大于+11VDC（12V系统）或+22VDC（24V系统）前照灯是否明亮	步骤3E	监测ECM蓄电池电源
		步骤3F	检查ECM电源盒搭铁电路负载能力
	油轨燃油压力传感器是否安装正确	步骤3G	检查接头的方向
	燃油油轨压力（测量值）是否小于3MPa（435psi）	步骤3H	核实油轨燃油压力传感器精度
	燃油油轨压力（测量值）是否等于燃油油轨压力（指令值）	步骤3I	拖动发动机监测燃油油轨压力
步骤4 燃油系统故障诊断步骤	供油中是否混入空气	步骤4A	检查燃油供油管中有无空气
	测量的压力是否符合技术规范	步骤4B	检查高压泵燃油供应中是否有空气
		步骤4B-1	测量燃油进口阻力
	燃油滤清器两端的压降是否大于技术规范	步骤4C	在发动机燃油滤清器出口处测量燃油压力
	单缸缺火或大量冒烟	步骤4D	进行INSITETM服务软件单缸断油测试
	一个汽缸断油后发动机起动，还是由于一个汽缸造成缺缸或大量冒烟	步骤4E	执行手动单缸断油测试
	喷油器缸盖的回油量高于技术规范	步骤4F	测量缸盖处的喷油器回油管流量
	一个汽缸断油后燃油流速降至规定的最大流速以下	步骤4G	确定导致喷油器缸盖回油量过大的汽缸
	测量的燃油油轨压力与指令的燃油油轨压力相差是否超过±3.5MPa（±500psi）	步骤4H	监控器指令的燃油油轨压力和测量的燃油油轨压力
	燃油减压阀是否符合技术规范	步骤4I	检查燃油减压阀是否过度泄漏
	高压燃油泵燃油回油量是否高于技术规范	步骤4J	测量高压油泵回油量
	回油管阻力是否小于技术规范	步骤4K	测量燃油回油管阻力

续上表

	故 障 判 断	排 除 步 骤
步骤5 空气 处理系 统故障 诊断步 骤	进气歧管压力读数是否小于102mmHg（4 in Hg）	步骤5A 检查进气歧管压力传感器
	发现进气系统中有任何泄漏了吗	步骤5B 检查进气系统有无泄漏
	进气阻力高于技术规范	步骤5C 检查进气阻力
	是否发现涡轮增压器叶片损坏	步骤5D 检查涡轮增压器叶片是否损坏
	此涡轮增压器是废气旁通式涡轮增压器吗	步骤5E 确定该涡轮增压器是否是废气旁通涡轮增压器
	废气旁通阀执行器软管中有无孔眼或裂纹	步骤5F 检查废气旁通阀执行器软管
	废气旁通阀执行器膜盒漏气	步骤5G 检查涡轮增压器废气旁通阀膜盒有无空气泄漏
		步骤5G-1 检查涡轮增压器旁通阀是否正常工作
		步骤5G-2 检查涡轮增压器旁通阀是否正常工作
	轴向和径向间隙是否符合技术规范	步骤5H 测量涡轮增压器的轴向和径向间隙
	空—空中冷器通过目视检查以及压力测试和温差测试	步骤5I 检查空—空中冷器
步骤6 核实 电气特 性运行 正常	加速踏板完全释放时，加速踏板位置读数为0且加速踏板完全踩下时，读数为100%	步骤6A 核实加速（节气门）踏板行程
	车辆未移动时，车速读数是否为0	步骤6B 监测车辆速度
	电子特性是否正确设置	步骤6C 核实电子特性设定值是否正确
	是否所有温度读数之间差值都在5.6℃（10°F）以内	步骤6D 检查温度传感器的精度
	INSITETM™服务软件的读数与本地大气压力之差在50.8mmHg(2 inHg)以内	步骤6E 检查大气压力传感器精度
步骤7 进行 基本的 发动机 机械检 查	顶置机构设置是否在调整极限之内	步骤7A 核实顶置机构调整正确
	排气背压是否大于技术规范值	步骤7B 检查排气阻力
	发动机曲轴箱压力（窜气）低于技术规范	步骤7C 核实发动机曲轴箱压力（窜气）符合技术规范
	切开机油滤清器后发现发动机内部损坏的迹象	步骤7D 检查发动机内部有无损坏

续上表

故障判断		排除步骤
步骤8 振动过大检查	发动机怠速转速符合技术规范	步骤8A 检查发动机的怠速转速
	有快怠速预热特性并已起动	步骤8B 检查有无快怠速预热特性以及起动与否
		步骤8B-1 监测快怠速预热特性的状态
	隔离发动机前驱动附件后修正振动	步骤8C 检查发动机前端受驱动附件
	减振器/曲轴转速指示器环是否损坏	步骤8D 检查减振器/曲轴转速指示器环
	发动机支架、悬置和/或隔振垫损坏	步骤8E 检查发动机支架、悬置和/或隔振垫
	发动机有发动机齿轮驱动/空气压缩机驱动的液压泵	步骤8F 检查发动机齿轮驱动附件
		步骤8F-1 隔离发动机齿轮驱动附件
		步骤8F-2 检查发动机是否配备了空气压缩机
		步骤8F-3 给空气压缩机卸载并使其工作
		步骤8F-4 检查空气压缩机正时
	隔离/拆卸所有发动机驱动部件后修正振动	步骤8G 检查/隔离发动机受驱动部件
	飞轮壳孔和端面圆跳动量符合技术规范	步骤8H 检查飞轮壳对正情况
	发动机是否装备了发动机内部平衡器	步骤8I 检查发动机是否装备发动机内部平衡器
		步骤8I-1 检查发动机内部平衡器

从上述发动机性能不良症状的诊断过程中,可观察到参数监测对此类故障诊断的重要性。

(4)注意事项。

①避免长时间怠速运转发动机,打开实验室通风。

②使用合适的测试导线进行线束接头或 ECM 插头端子的检测。

③每次拖动发动机时间不超过 30s;两次拖动之间应间隔 2min。

④注意安全。

六 学习评价

1 理论考核

1)名词解释

(1)氮氧化物 NO_x。

(2)颗粒物 PM。

(3)氧化催化转化。

(4)选择性催化转化 SCR。

(5)颗粒过滤器 DPF。

2)简答题

(1)简述废气再循环技术降低氮氧化物水平的机理。

(2) 简述催化氧化转化技术的原理。
(3) 简述选择性催化转化技术的原理。
(4) 简述颗粒过滤器的再生方法。
(5) 试比较废气再循环技术与选择性催化转化技术的优缺点。

2 技能考核

模拟发动机无法起动故障,学员选定必要的监测参数,用故障诊断仪监测这些参数。

七 拓展学习——基于症状的故障诊断实例

(1) 无法建立发动机与服务软件之间的通信。

发动机控制面板上都设有与服务软件通信的 9 针接头或 6 针接头。服务软件可安装在普通笔记本式计算机上,计算机通过一根电缆、一个数据通信适配器 INLINE 和一根连接适配器与发动机通信接头的电缆与发动机的 ECM 进行通信。在试图使用一套崭新的 INLINE 与发动机 ECM 进行通信的时候,发现无法进行通信。查阅接线图,对所有相关线路进行常规检查,发动机通信接头的触针与 ECM 之间的连接无任何问题;连接 INLINE 的触针连接也未发现任何问题。更换一套 INLINE 后成功建立通信,判定为该 INLINE 设备有故障。逐一更换数据通信适配器与两端的连接电缆,确定连接发动机通信接头与数据通信适配器之间的电缆有故障,再经非常仔细的检查后发现,这个新的 INLINE 9 针通信接头上一个端子未安装到位,端子的限位装置未能起作用。在进行通信时,接头虽然外部连接上了,但内部该端子却未能导通发动机通信接头与适配器。在把该触针安装到位后故障排除。

(2) 东风康明斯 ISDe 发动机无法起动,无故障码。

这是编者在培训学员的时候喜欢设置的一个同时没有发动机转速信号和凸轮轴位置信号的故障,目的是培养学员使用服务软件进行参数监测的能力。只有对一些可能引起故障的参数成功进行监测,才能够快速确定故障查找的方向。此时学员需在停机状态下,打开电源开关,建立服务软件与发动机 ECM 间的通信,选定监测发动机转速、油轨压力等参数,然后在起动起动机的同时,读取这些参数值,这样马上就会发现发动机转速为零,这就为排除故障指明了方向。对东风康明斯 ISDe 发动机来说,只有在同时失去发动机转速信号和凸轮轴位置信号情况下(其他一切正常)才会无法起动。在排除了两者之中任何一个故障的情况下,该发动机就能够起动运转,此时 ECM 就能够指示出另一个转速/位置信号存在故障。

在这个实例中,虽然起动机转动拖动发动机运转,发动机是转起来了,但因为没有发动机转速信号和凸轮轴位置信号,ECM 就没有检测到发动机的转动,在 ECM "眼里",发动机并没有转动,所以就不会发出喷油指令,发动机也就无法起动了。

早先的一些电控发动机,在丢失发动机转速信号或凸轮轴位置信号中任一信号,发动机将无法起动。笔者也遇到过发动机无法起动的故障,监测发动机的转速为零,虽然拆下可变磁阻式转速传感器,测量其线圈电阻值正常,因其无转速信号输出,故判定传感器铁芯损坏,在更换了该转速传感器后发动机顺利起动,故障排除。

(3)康明斯 ISB 发动机起动一会就熄火,过一会还能起动,起动后一会还是熄火,无故障码。

该故障开始时经多方查找,也监测了各种参数,未能发现故障原因。碰巧旁边还有一台相同的发动机,把故障发动机的各项参数与正常发动机的各项参数相比较,发现故障发动机的进气压力参数异常(低)。在更换了进气压力传感器后故障排除。

这个故障实例中,虽然压力传感器的输出信号出了偏差,但因为其输出信号的电压值还在正常电压范围内(0.25~4.75V),所以 ECM 不会记录故障码。从这个故障实例中还可以看出,手头保存一份发动机正常运转时各种参数的数值表,对故障诊断会有所帮助。

(4)康明斯压缩天然气发动机无法起动,无故障码,排气管无烟。

排气管不冒烟,说明没有燃料进入汽缸。检查燃料系统,发现燃料控制阀卡死在关闭位置,更换燃料控制阀后发动机正常工作,故障排除。

(5)起动后服务软件与发动机 ECM 之间原来连接上的通信断开。

服务软件与发动机 ECM 之间的通信连接通常都是发动机不运转时,在发动机通信接头上连上数据通信适配器,连上计算机,打开发动机电源,建立通信。但一起动起动机,发动机起动后就发现通信断开。检查数据通信的所有连接都正常;用数字万用表监测发动机起动时的蓄电池电压,发现发动机起动时蓄电池电压仅为9V,这表明蓄电池电量过低,不能维持数据通信的需要。在更换蓄电池(在原蓄电池上并联一个蓄电池,以加大蓄电池容量)后,故障排除。

(6)使用 Bosch VP44 燃油泵的某 ISB 发动机,燃油泵总成安装后,发动机功率不足,大量浓烟。

康明斯早先的 ISB 发动机属时间控制式转子泵喷油系统的电控发动机,其供油正时靠燃油泵轴上的一个月牙形偏心键控制,该键材质非常软,而安装燃油泵时,由于肉眼观察困难,不易精确对准键和键槽。本例就是没有精确对准,造成喷油正时偏晚,因而引起功率不足和浓烟。本例属机械系统的故障,当然不会有故障码出现。

(7)某福田欧马可货车的 ISF3.8 CM2220 发动机无法起动,钥匙开关一打开就烧熔断丝。

断开 ECM 上发动机线束接头,检查 ECM 开关电源触针对地电阻,发现电阻小于10Ω,表明 ECM 短路搭铁。更换 ECM 后故障排除。(新的 ECM 都需标定后才能使用)

(8)某使用 ISF3.8 CM2220 的小型客车最高车速为 50km/h。

原最高限制车速设定错误,使用服务软件更改最高车速设定为 90km/h。

(9)某货车 ISF2.8 CM2220 发动机抖动。

重新标定 ECM 后,故障依旧,更换发动机线束总成后,故障排除。

(10)某福田欧马可货车的 ISF3.8 CM2220 发动机故障灯常亮,无明显原因。

按症状树的指示,此故障的诊断应检查诊断开关是否在"ON"位置;是否安装了诊断短接插头;诊断开关或电路是否发生故障以及故障码报警指示灯电路是否有问题。实际上该故障因发动机转速传感器与凸轮轴位置传感器的信号发生较大偏差而引起报警,更换凸轮轴位置传感器后,故障排除。

附录　东风康明斯 ISDe 发动机接线图

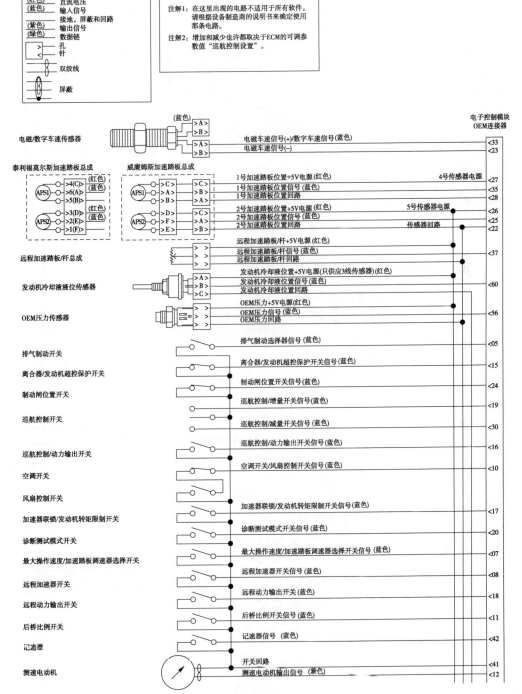

附图-1

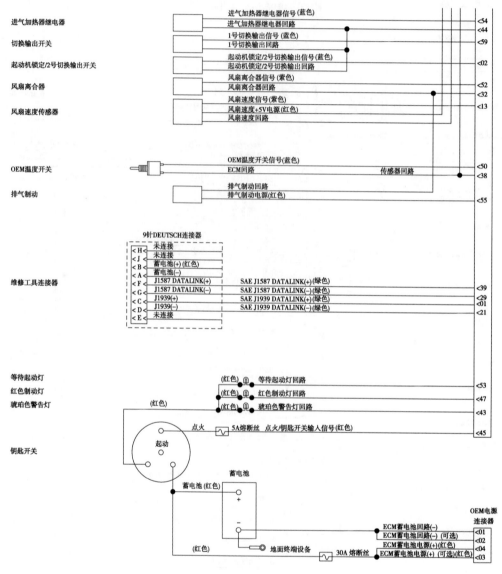

附图-2

附录 东风康明斯 ISDe 发动机接线图

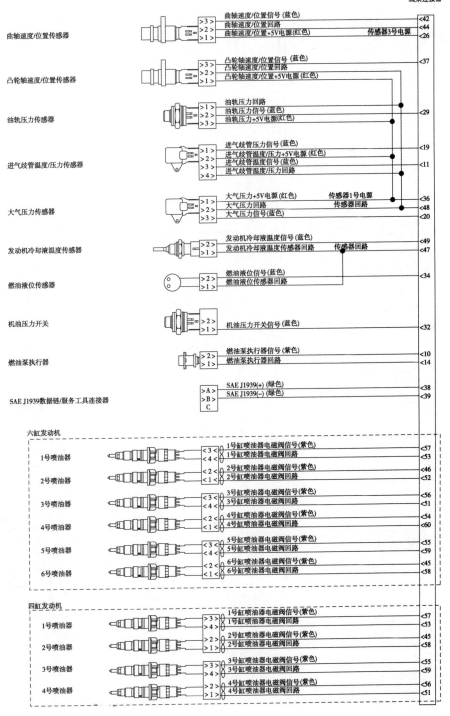

附图-3

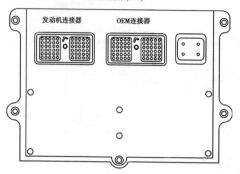

电子控制模块(ECM)

发动机连接器　　OEM连接器

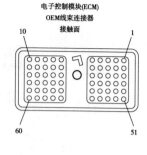

电子控制模块(ECM)
OEM线束连接器
接触面

电子控制模块(ECM)
发动机线束连接器
接触面

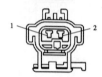

机油压力开关
连接器接触面

进气歧管温度、压力传感器
连接器接触面

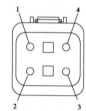

喷油器(摇臂壳体)供电线束
连接器接触面

燃油液位传感器加长线束
连接器接触面

发动机冷却液温度传感器
连接器接触面

油轨压力传感器
连接器接触面

大气压力传感器
连接器接触面

B型

燃油泵泵执行器
连接器接触面

曲轴速度/位置传感器
凸轮轴速度/位置传感器
连接器接触面

D型

附图-4

参 考 文 献

［1］康明斯电控发动机基础服务资格认证培训资料.
［2］康明斯 ISBe、ISDe、QSK19、ISB 服务资格认证培训资料.
［3］王尚勇,杨青.柴油机电子控制技术［M］.北京:机械工业出版社,2005.
［4］栾琪文.汽车电控柴油机结构原理与维修［M］.北京:机械工业出版社,2006.